Polynomial Quiz

DATE: _____

SCORE: _____

1. A polynomial is an expression consisting of?
   a. coefficients and terms
   b. variables and constant
   c. variables and coefficients

2. A polynomial can have?
   a. coefficients, degrees, numbers
   b. constants, variables, exponents
   c. terms, variables, exponents

3. To add polynomials you simply?
   a. add any like terms together
   b. switch terms and add
   c. divide any like terms together

4. If the variable in a term is multiplied by a number, then this number is called?
   a. exponents
   b. coefficient
   c. polynomial

5. The exponent on the variable portion of a term tells you the _____ of that term?
   a. the term
   b. the degree
   c. the variable

6. The "poly-" prefix in "polynomial" means many
   a. few
   b. less than
   c. many

7. Monomial
   a. is a one-term polynomial
   b. is a two-term polynomial
   c. is a three-term polynomial

8. Linear
   a. is a first-degree polynomial
   b. is a third-degree polynomial
   c. is a second-degree polynomial

9. Cubic
   a. is a third-degree polynomial
   b. is a third/fourth-degree polynomial
   c. is a second-degree polynomial

10. Binomial
   a. is a three-term polynomial
   b. is a two-term polynomial
   c. is a one-term polynomial

11. Quadratic
   a. is a zero-degree polynomial
   b. is a one-degree polynomial
   c. is a second-degree polynomial

12. Trinomial
   a. is a two-term polynomial
   b. is a three-term polynomial
   c. is a one-term polynomial

13. The degree of a polynomial is the degree of the?

    a. term with the smallest degree

    b. term with the middle degree

    c. term with the largest degree

14. Quintic

    a. is a fifth-degree polynomial

    b. is a fifth/sixth-degree polynomial

    c. is a first-degree polynomial

15. Quartic

    a. is a tenth-degree polynomial

    b. is a fourth-degree polynomial

    c. is a fifth-degree polynomial

16. What is a polynomial with 4 terms?

    a. quadrinomial

    b. trinomial

    c. monomial

17. What do you call a 5 term polynomial?

    a. a fifth-degree polynomial

    b. a five-term polynomial

    c. cubic

18. A polynomial is the sum or?

    a. difference of terms

    b. difference of monomials

    c. difference of exponent

19. The degree of a monomial is the sum of the?

    a. coefficients of the variables

    b. exponents of the variables

    c. degree of the variables

20. Leading coefficient is the?

    a. term with the greater than lesser degree.

    b. term with the largest degree

    c. term with the smallest degree

21. Standard Form of a polynomial is the list of the monomials in order from?

    a. largest to smaller degree

    b. less than to smaller degree

    c. smaller to largest degree

Name each polynomial by its degree and number of terms.

1) $3d^9 - 5d^2$

2) $-7y^8 + 8y^7$

3) $-9z^7 + 7z^6$

4) $-9g^7 - 8$

Simplify each expression.

5) $(3h^2 + 6) - (9h^2 - 5 + h^6)$

6) $(6z^2 + 7z^5) + (3z^5 + 8)$

7) $(6 + 5b^5) - (3b^6 - 2 + 7b^5)$

8) $(9x^5 - 7x) - (6x + 4x^5)$

Multiply to find each product.

9) $\left(4d^2 + 5d\right)\left(9d^2 + 3d + 6\right)$

10) $\left(6k^2 + 8k\right)\left(2k^2 + 3k\right)$

11) $\left(z^2 + 3\right)\left(z^2 + 8\right)$

12) $\left(k^2 + 2k\right)\left(k^2 + 6k\right)$

Name : _____   Score : _____

                                     Date : _____

Name each polynomial by its degree and number of terms.

1) $6d^7 - d^2 - 3d + 9$

2) $-4d^{12} - 9d^{10} + 3d^8 + 5$

3) $-3c^{11} - 4c^6 - 7c^4 + 6c^2$

4) $-7r^{11} + 6r^{10} - 9r^7 - 4r^2$

Simplify each expression.

5) $(3 + 8x^5) - (7x^7 - 4 + 5x^5)$

6) $(9z^4 + 4) - (2z^4 + 8 - 5z^3)$

7) $(2 - 3b^4) + (5b^4 + 9)$

8) $(5s^2 + 7s^3) - (8s^3 - 2s^4 + 3s^2)$

Multiply to find each product.

9) $\left(6n^2 + 8n\right)\left(7n^2 + 9n\right)$

10) $\left(2k^2 + 4\right)\left(9k^2 + 5\right)$

11) $\left(7g^2 + 5g + 3\right)\left(4g^2 + 9g + 2\right)$

12) $\left(x^2 + 6x + 5\right)\left(x^2 + 4x + 9\right)$

Name each polynomial by its degree and number of terms.

1) $2n^{11} + 8n^{10} + 9n^2$

2) $-2k^7 - 9k^5 + 7k^3$

3) $-8g^{11} + 9g^8 - 5g^6$

4) $8n^{12} + 7n^{11} - 6n^5$

Simplify each expression.

5) $(2s^3 - 9s^5) - (7s^5 + 6s^3)$

6) $(6n^7 - 5) - (2n^7 + 7 + 9n^3)$

7) $(8x^2 - 5x) - (7x + 6x^2)$

8) $(3x - 6x^3) + (2x^3 + 5x)$

Multiply to find each product.

9) $\left(2y^2 + 4\right)\left(9y^2 + 7\right)$

10) $\left(3z^2 + 2z\right)\left(5z^2 + 6z\right)$

11) $\left(k^2 + 5\right)\left(k^2 + 8\right)$

12) $\left(5h^2 + 7h\right)\left(2h^2 + 8h + 4\right)$

Name : _____ Score : _____

Date : _____

Name each polynomial by its degree and number of terms.

1) $g^8 + 9g^4$

2) $-2c^{11} - 9c^2$

3) $7z^{10} + 5z^6$

4) $-3c^{11} - 4c^3$

Simplify each expression.

5) $(6 - 3g^6) + (2g^6 - 7)$

6) $(7z^5 - 9) + (2z^5 - 8 + 6z^3)$

7) $(9s^5 + 2) - (3s^5 - 4 + s^6)$

8) $(6c^4 + 8) - (4 + 9c^3 + 7c^4)$

Multiply to find each product.

9) $(z^2 + 2z)(z^2 + 8z + 6)$

10) $(z^2 + 3)(z^2 + 4)$

11) $(8k^2 + 6k)(4k^2 + 2k + 7)$

12) $(5n^2 + 6n)(3n^2 + 2n)$

Name each polynomial by its degree and number of terms.

1) 3

2) $7q^3$

3) $-9d^{11}$

4) $-b^{11}$

Simplify each expression.

5) $(3y^3 - 4) + (9y^3 - 5 + y^4)$

6) $(7x^4 - 9) + (2 + 8x^3 + 6x^4)$

7) $(7q - 3q^4) + (9q^4 + 6q)$

8) $(6p^4 + 7) - (4p^4 + 3 + 9p^3)$

Multiply to find each product.

9) $\left(n^2 + 5\right)\left(n^2 + 6n + 8\right)$

10) $\left(q^2 + 3q\right)\left(q^2 + 8q + 4\right)$

11) $\left(p^2 + 5p + 9\right)\left(p^2 + 7p + 6\right)$

12) $\left(9h^2 + 3\right)\left(5h^2 + 4h + 8\right)$

Name : _____   Score : _____

                                            Date : _____

Name each polynomial by its degree and number of terms.

1) $-ys^7 - 9c^4$

2) $-7rn^7h^4 - 4y^4$

3) $-5r^5q - 8b$

4) $-6p^{12} - 5p^3$

Simplify each expression.

5) $(3x^4 + 7) + (5 - 6x^3 - 8x^4)$

6) $(2n^3 - 9n^6) - (4n^6 + 6n^3)$

7) $(7c + 6c^4) + (8c - 5c^2 - 4c^4)$

8) $(6h^2 - 8h^3) - (7h^3 + 9h^4 - 2h^2)$

Multiply to find each product.

9) $(9g^2 + 2g)(3g^2 + 7g + 6)$

10) $(8b^2 + 2)(6b^2 + 9b + 7)$

11) $(5z^2 + 9)(6z^2 + 3)$

12) $(b^2 + 8b)(b^2 + 7b)$

Name : _____ Score : _____

Date : _____

Name each polynomial by its degree and number of terms.

1) $-5r^{10} + 2r^3 - 4$

2) $-9g^5y$

3) $4c^6$

4) $7pz^4$

Simplify each expression.

5) $(4g - 9g^4) + (3g^4 - 8g)$

6) $(3g^4 + 8g^7) + (9g^7 - 5g^4)$

7) $(2r^3 - 3) + (6r^3 + 5 - r^4)$

8) $(8p^2 + 9p^5) - (5p^5 - 4)$

Multiply to find each product.

9) $(7z^2 + 2z)(5z^2 + 4z + 9)$

10) $(c^2 + 7c + 8)(c^2 + 4c + 2)$

11) $(c^2 + 3)(c^2 + 7c + 8)$

12) $(3z^2 + 4z)(7z^2 + 5z)$

Name : _____

Score : _____

Date : _____

Name each polynomial by its degree and number of terms.

1) 6hr

2) $- xy^4$

3) $- 6p^5h^4z$

4) $9p^8$

Simplify each expression.

5) $(3g^2 - 7g^6) - (6g^6 + 4)$

6) $(2 + 4c^3) + (9c^3 - 8)$

7) $(6x - 5x^5) - (7x^5 - 4x)$

8) $(8g^2 + 4g^4) + (6g^4 + 5g^2)$

Multiply to find each product.

9) $(z^2 + 5z) (z^2 + 9z)$

10) $(c^2 + 9) (c^2 + 3)$

11) $(c^2 + 5) (c^2 + 8)$

12) $(b^2 + 4b) (b^2 + 9b)$

Name each polynomial by its degree and number of terms.

1) $-8yk^7 + 5n^6 - 3z^2c^5$

2) $3y^7n^7p^3 - 5b^4 - 7c^2z^6$

3) $-4rq^5z^2 + 5p^7 - 3y^3k^6$

4) $xz^2 - 6d^6 - 5y^4p^3$

Simplify each expression.

5) $(4r^2 + 8r^3) + (9r^3 - 5r^4 + 2r^2)$

6) $(7p^2 - 8) - (4p^2 - 9 + p^4)$

7) $(3k^4 - 4) + (2 - 6k^3 + 9k^4)$

8) $(4s^6 + 6s^7) + (8s^7 - 2)$

Multiply to find each product.

9) $(4h^2 + 7)(6h^2 + 2)$

10) $(b^2 + 6b)(b^2 + 3b + 7)$

11) $(8z^2 + 6z)(5z^2 + 2z)$

12) $(r^2 + 7)(r^2 + 8r + 2)$

Name : _____ Score : _____

Date : _____

Name each polynomial by its degree and number of terms.

1) $2x^7n^6$

2) $6zy^3c$

3) $9h^{12} + 3h^9$

4) $-5k^5c^6d$

Simplify each expression.

5) $(7y - 8y^3) + (2y^3 - 4y)$

6) $(9 - 7c^4) - (5c^4 - 2)$

7) $(8c^4 + 7c^5) - (3c^5 + 2c^4)$

8) $(3g^5 - 2g) + (8g + 9g^5)$

Multiply to find each product.

9) $\left(q^2 + 5\right)\left(q^2 + 9\right)$

10) $\left(k^2 + 8k\right)\left(k^2 + 5k + 9\right)$

11) $\left(q^2 + 7\right)\left(q^2 + 5q + 3\right)$

12) $\left(8d^2 + 2d\right)\left(3d^2 + 5d\right)$

Name each polynomial by its degree and number of terms.

1) $yd^7 + 7k^3$

2) $-7d^2g + 2h$

3) $-kd - 8c$

4) $7qn + 5r$

Simplify each expression.

5) $(8b^4 + 2) - (4 - 9b^3 - 5b^4)$

6) $(3n^4 - 9n^3) - (5n^3 + 8n - 7n^4)$

7) $(5x^5 + 8) - (3x^5 + 7 - x^7)$

8) $(2 - 3s^2) - (9s^3 - 7 - 8s^2)$

Multiply to find each product.

9) $\left(r^2 + 9\right)\left(r^2 + 2r + 6\right)$

10) $\left(n^2 + 4\right)\left(n^2 + 8\right)$

11) $\left(3y^2 + 8y\right)\left(7y^2 + 4y + 9\right)$

12) $\left(3n^2 + 7\right)\left(8n^2 + 5n + 9\right)$

Name : _____   Score : _____

Date : _____

Name each polynomial by its degree and number of terms.

1) $rg + 5n$

2) $-5k^2h^6g^6 - 6z^6$

3) $-3z^{11} - 9z^{10} - 8z^7$

4) $-4x^6y^7 + 6d^7$

Simplify each expression.

5) $(9 + 3p^5) + (8p^6 + 4 - 2p^5)$

6) $(2c + 8c^4) + (9c + 4c^2 - 6c^4)$

7) $(8y^5 - 7) + (2y^5 - 3 + 6y^4)$

8) $(4q^3 - 9) - (7q^3 - 2 - q^7)$

Multiply to find each product.

9) $\left(8x^2 + 7x\right)\left(6x^2 + 5x + 4\right)$

10) $\left(8d^2 + 7\right)\left(2d^2 + 9d + 6\right)$

11) $\left(4h^2 + 2h\right)\left(8h^2 + 6h\right)$

12) $\left(p^2 + 2\right)\left(p^2 + 8p + 7\right)$

Name each polynomial by its degree and number of terms.

1) $- 5xn^7$

2) $- 9g^3q^6c$

3) $- xr^6q$

4) $- gp^5$

Simplify each expression.

5) $(7g^4 - 2) + (8 + 4g^3 - 5g^4)$

6) $(3r^7 + 5) - (8r^7 - 7 + 9r^2)$

7) $(6 - 8y^6) - (9y^7 - 7 + 3y^6)$

8) $(8r - 2r^4) - (9r + 6r^2 + 7r^4)$

Multiply to find each product.

9) $\left(7y^2 + 5y + 6\right) \left(4y^2 + 9y + 2\right)$

10) $\left(r^2 + 5\right) \left(r^2 + 2\right)$

11) $\left(k^2 + 9k\right) \left(k^2 + 3k\right)$

12) $\left(x^2 + 9\right) \left(x^2 + 3x + 4\right)$

Name : _____   Score : _____

                                                 Date : _____

Name each polynomial by its degree and number of terms.

1) $5b^{12} + 9b^9 + 6b^8 + b^4 - 4b$

2) $cd^4 - 4x^7 - 7h^3g^2 - 2k^5z^2$

3) $-5yx - 9r + 6z + 2n$

4) $5p^4z - 3h - 8x + 6q$

Simplify each expression.

5) $(8 - 5y^2) + (6y^2 + 4)$

6) $(2y^7 + 9y) + (6y + 3y^7)$

7) $(3b^4 + 5b^7) - (4b^7 - 6b^4)$

8) $(6k^2 + 3k^6) - (5k^6 - 9)$

Multiply to find each product.

9) $(n^2 + 6n + 9)(n^2 + 4n + 5)$

10) $(2x^2 + 8x)(5x^2 + 7x)$

11) $(9q^2 + 5q)(7q^2 + 8q + 4)$

12) $(c^2 + 4)(c^2 + 3)$

Name : _____   Score : _____

                                    Date : _____

Name each polynomial by its degree and number of terms.

1) $- 6qh^6b^2 - 7s^7 - 4d^5p^3 + 8p^5c^4$

2) $7y^4s^7 + 3c^3 - 5d^2z^5 - 9p^2r^4$

3) $hq^4y^7 - 4r^3 + 9k^2z^6 + 2z^7c^2$

4) $- 5r^6z - 8h + 3y + 2k$

Simplify each expression.

5) $(3z^2 + 8z^3) + (5z^3 + 2z^4 - 9z^2)$

6) $(8p^4 + 9) - (4p^4 - 2 + 3p^3)$

7) $(4 - 7p^4) - (3p^5 + 9 + 5p^4)$

8) $(2 - 9p^2) + (3p^2 - 7)$

Multiply to find each product.

9) $\left(k^2 + 3k + 7\right)\left(k^2 + 5k + 4\right)$

10) $\left(x^2 + 2x\right)\left(x^2 + 9x\right)$

11) $\left(5k^2 + 2k + 3\right)\left(7k^2 + 8k + 4\right)$

12) $\left(8p^2 + 3\right)\left(6p^2 + 4p + 7\right)$

Name : _____ **Score :** _____

Date : _____

Name each polynomial by its degree and number of terms.

1) $-7dp^7 + 2r^6 + 6n^5z^3$

2) $4s^6q^7 - 7y^4 - 5k^5d^2$

3) $-4k^{12} - 2k^5 - 9$

4) $6yb + 4r + 7h$

Simplify each expression.

5) $(2y^7 + 3) - (6y^7 - 9 - 4y^4)$

6) $(4q + 8q^4) - (6q^4 + 9q)$

7) $(8y^2 - 9y^5) + (5y^5 + 6)$

8) $(9y^4 - 6) - (4 + 7y^3 + 2y^4)$

Multiply to find each product.

9) $(3g^2 + 2)(8g^2 + 4)$

10) $(7z^2 + 8z)(3z^2 + 6z)$

11) $(p^2 + 2p + 7)(p^2 + 4p + 6)$

12) $(b^2 + 9)(b^2 + 5b + 8)$

Name each polynomial by its degree and number of terms.

1) $-4q^5d^6 - 6p^6$

2) $dn + 2k$

3) $-6r^6s + 7h$

4) $3qn - 4d$

Simplify each expression.

5) $(7z^4 + 3) - (6z^4 + 4 - 8z^2)$

6) $(6n^2 + 7n^3) - (5n^3 + 8n^4 - 4n^2)$

7) $(5s^2 - 9) + (2s^2 - 4 + s^3)$

8) $(9 + 2x^4) + (6x^4 + 7)$

Multiply to find each product.

9) $(4r^2 + 6r + 5)(8r^2 + 3r + 9)$

10) $(5h^2 + 3)(7h^2 + 2h + 8)$

11) $(k^2 + 6k)(k^2 + 7k)$

12) $(q^2 + 9q + 2)(q^2 + 5q + 6)$

Name : _____   Score : _____

Date : _____

Name each polynomial by its degree and number of terms.

1) $-4xk$

2) $2ck^5r$

3) $2s^5c^4$

4) $-5x^4n$

Simplify each expression.

5) $(8d^4 - 4) - (5 - 9d^3 + 7d^4)$

6) $(7c^5 + 2c^6) - (6c^6 + 3)$

7) $(3n + 4n^7) + (9n^7 + 8n)$

8) $(9p^4 + 5) + (6p^4 - 2 + p^7)$

Multiply to find each product.

9) $(5y^2 + 7y)(2y^2 + 8y + 3)$

10) $(z^2 + 8z)(z^2 + 2z)$

11) $(3n^2 + 6)(9n^2 + 8n + 7)$

12) $(2b^2 + 5)(6b^2 + 9)$

Name each polynomial by its degree and number of terms.

1) $-5y^7h^4k$

2) $8r^5k^2z^2 + 6q^2$

3) $-3s^3b^4$

4) cg^4

Simplify each expression.

5) $(7h^2 + 9h^3) - (8h^3 + 4)$

6) $(9x^2 - 7x^4) + (2x^4 - 6x^2)$

7) $(9 - 7z^4) - (6z^4 - 2)$

8) $(6h^3 + 2h) - (7h - 4h^3)$

Multiply to find each product.

9) $\left(8n^2 + 6n + 3\right)\left(2n^2 + 4n + 5\right)$

10) $\left(c^2 + 2c + 5\right)\left(c^2 + 3c + 6\right)$

11) $\left(3h^2 + 2\right)\left(4h^2 + 6\right)$

12) $\left(p^2 + 7\right)\left(p^2 + 5\right)$

Name : _____   Score : _____

                                        Date : _____

Name each polynomial by its degree and number of terms.

1) $3zx$

2) $-rx - 4h + 2z$

3) $-6gh^4 + 3k^2$

4) $-q^{10} - 5q^5 - 8q$

Simplify each expression.

5) $(4y^2 - 5y^4) + (7y^4 - 2)$

6) $(6x - 8x^4) + (2x + 5x^4 + 9)$

7) $(5s - 2s^4) - (9s - 7s^2 - 6s^4)$

8) $(6x^4 + 3) - (7 + 9x^3 + 4x^4)$

Multiply to find each product.

9) $(6n^2 + 2)(8n^2 + 5n + 7)$

10) $(7s^2 + 9s)(5s^2 + 8s)$

11) $(c^2 + 5)(c^2 + 7)$

12) $(g^2 + 3)(g^2 + 6g + 8)$

Name each polynomial by its degree and number of terms.

1) $-5n^3x + 9b + 4p - 7z - 2h + 6y$

2) $4g^6z^4k$

3) $-2kp^4z$

4) $-xd^7h^5 + 7s^6 + 6y^2q^4 - 8q^5n^2$

Simplify each expression.

5) $(x^7 + 6x^2 + 8) + (2x^7 - 5 - 9x^2) + (3x^2 - 4x + 7)$

6) $(3c^2 - 2) + (5c^2 + 4 - c^4)$

7) $(8n + 5 - 2n^3) + (4n^3 + 3 + 7n^5)$

8) $(5x + 4x^4) - (2x^2 - 7x^4) - (6x - 9x^2 + 8)$

Multiply to find each product.

9) $(2x^2 + 8x + 9)(4x^2 + 3x + 5)$

10) $(2n^2 + 7)(5n^2 + 4n + 9)$

11) $(n^2 + 6n)(n^2 + 4n + 7)$

12) $(5k^2 + 2k)(8k^2 + 3k + 7)$

Name : _____   Score : _____

Date : _____

Identify which graph represents the given polynomial function.

1) $y = -x^4 - x^2 + 1$

_____

A)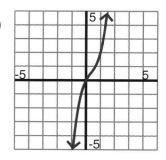

B)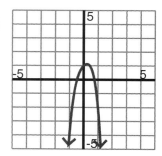

C)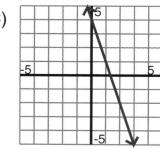

D)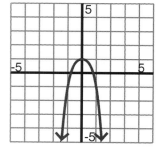

2) $y = -2x^4 - x^3 + x^2$

_____

A)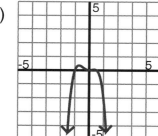

B)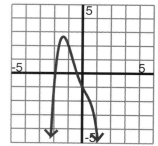

C)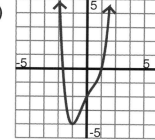

D)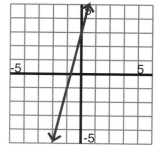

Identify which graph represents the given polynomial function.

1) $y = x^3 + 1$

_____

A)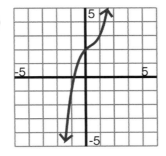

B)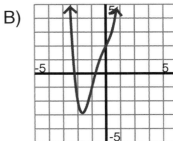

C)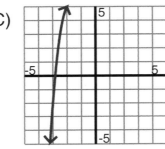

D)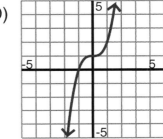

2) $y = -2x^3 - 2x^2 + 2$

_____

A)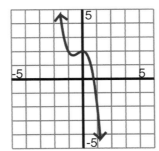

B)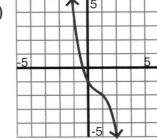

C)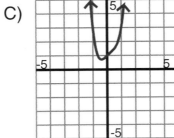

D)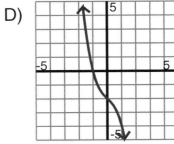

Name : _____   Score : _____

                                   Date : _____

Find all zeros.

1) $(x^2 + 5)(x - 3)$ 2) $(3x^2 + 4)(x + 4)^2(x - 3)$

3) $(81x^2 - 3)(x + 4)^2$ 4) $(4x + 3)(x + 2)(x + 5)$

Given the zeros, find the least degree polynomial with integer coefficients.

5) $\{ -\sqrt{2}\ i\ ,\ \sqrt{2}\ i\ ,\ 4\ ,\ 2 \}$ 6) $\{ \frac{2}{5}\ \text{mult.}\ ,\ 5\ \text{mult.} \}$

7) $\{ \frac{-4}{3} i\ ,\ \frac{4}{3} i\ ,\ -2 \}$ 8) $\{ -4\ ,\ -5 \}$

Find all zeros by factoring.

9) $(9 x^3 + 45 x^2 + 5 x + 25)$ 10) $(x^4 + 8 x^3 + 11 x^2 - 40 x - 80)$

11) $(x^4 + 6 x^3 + 12 x^2 + 24 x + 32)$ 12) $(x^3 + 3 x^2 - 25 x - 75)$

Factor each polynomial.

1) $(x^3 + 2x^2 - 9x - 18)$

2) $(4x^3 + 33x^2 + 83x + 60)$

3) $(x^2 - 9x + 20)$

4) $(15x^2 + 16x - 15)$

5) $(4x^3 - 20x^2 + 9x - 45)$

6) $(x^3 + 5x^2 - 16x - 80)$

7) $(4x^3 - 8x^2 + x - 2)$

8) $(x^3 + 5x^2 + 5x + 25)$

9) $(3x^3 + 25x^2 + 42x - 40)$

10) $(x^3 - 2x^2 + 2x - 4)$

11) $(x^2 + 8x + 15)$

12) $(x^3 + 2x^2 + 16x + 32)$

Name : _____

Score : _____

Date : _____

Factor each polynomial.

1) $(9 x^4 + 148 x^2 + 64)$

2) $(x^4 - 2 x^3 - 39 x^2 + 40 x + 400)$

3) $(16 x^4 + 168 x^3 + 601 x^2 + 840 x + 400)$

4) $(x^4 + 11 x^2 + 18)$

5) $(x^4 + x^3 - 30 x^2 - 32 x + 160)$

6) $(x^4 + x^3 - x^2 + 5 x - 30)$

7) $(x^4 + 41 x^2 + 400)$

8) $(x^6 + 32 x^4 + 187 x^2 + 300)$

9) $(4 x^5 + 56 x^4 + 269 x^3 + 526 x^2 + 585 x + 900)$

10) $(x^6 - 7 x^5 + 9 x^4 + 7 x^3 - 30 x^2 + 140 x - 200)$

11) $(4 x^6 + 165 x^4 + 1641 x^2 + 400)$

12) $(x^4 + x^3 + 5 x^2 + 25 x - 500)$

Name : _____   Score : _____

Date : _____

Factor each polynomial.

1) $(x^2 - x - 6)$

2) $(x^4 + 8x^3 + 40x^2 + 200x + 375)$

3) $(9x^4 + 241x^2 + 400)$

4) $(x^3 - 3x^2 - 25x + 75)$

5) $(3x^3 - 4x^2 - 45x - 50)$

6) $(4x^6 + 105x^4 + 126x^2 + 25)$

7) $(x^4 + 3x^3 - 20x^2 - 84x - 80)$

8) $(9x^3 + 27x^2 + 16x + 48)$

9) $(x^3 - 2x^2 + x - 2)$

10) $(25x^4 - 280x^3 + 934x^2 - 840x + 225)$

11) $(x^4 + 26x^2 + 25)$

12) $(x^6 + 35x^4 + 259x^2 + 225)$

Name : _____   Score : _____

Date : _____

Factor each completely. If non-factorable, write "Non-factorable".

1) $(w^2 - 81)$

2) $(4d^2 - 49)$

3) $(4r^2 + 4r)$

4) $32w^2 + 24w - 56$

5) $(q^2 - 9)$

6) $3r^2 + 3r - 126$

7) $(d^2 + 9d)$

8) $10w^2 - 10$

9) $h^2 - 12h + 32$

10) $(r^2 - 8r)$

Name : _____   Score : _____

Date : _____

Factor each completely. If non-factorable, write "Non-factorable".

1) $27b^2 - 126b + 13$

2) $20w^2 - 90w + 100$

3) $27q^2 - 18q - 24$

4) $8x^2 - 8$

5) $24q^2 + 84q + 11$

6) $9q^2 + 3q - 20$

7) $6x^2 + 21x + 41$

8) $9h^2 - 18h - 16$

9) $24k^2 + 116k + 140$

10) $16s^2 - 56s - 32$

Name : _____   Score : _____

                                           Date : _____

Factor each completely. If non-factorable, write "Non-factorable".

1) $(s^2 - 9s)$ 6) $q^2 + 15q + 54$

2) $(p^2 - 29)$ 7) $(g^2 - 2g)$

3) $(y^2 - 4y)$ 8) $(x^2 - 49)$

4) $(s^2 - 9)$ 9) $(y^2 - 25)$

5) $(w^2 - 4w)$ 10) $(k^2 - 8k)$

Name : _____   Score : _____

                                     Date : _____

Factor each completely. If non-factorable, write "Non-factorable".

1) $z^3 - 8z^2 + 2z - 16$

2) $b^3 - 4b^2 + 17b + 24$

3) $5z^3 - 35z^2 - 15z + 105$

4) $8n^3 + 12n^2 + 8n + 12$

5) $c^3 + 9c^2 + 29c + 45$

6) $36n^3 - 108n^2 - 90n + 270$

7) $48k^3 + 36k^2 + 19k + 42$

8) $6s^3 - 36s^2 + 12s - 72$

9) $2h^3 - 12h^2 + 10h - 60$

10) $8c^3 + 18c^2 - 12c - 27$

Name : _____   Score : _____

Date : _____

Factor each completely. If non-factorable, write "Non-factorable".

1) $5d^3 + 25d^2 - 35d - 175$

2) $y^3 - 4y^2 + 6y - 24$

3) $2s^3 - 4s^2 - 14s + 28$

4) $y^3 - 9y^2 + 3y - 27$

5) $s^3 + 9s^2 + 7s + 63$

6) $q^3 - 8q^2 + 5q - 40$

7) $6h^3 - 36h^2 - 18h + 108$

8) $n^3 + 8n^2 + 7n + 56$

9) $m^3 - 3m^2 - 3m + 9$

10) $3p^3 + 12p^2 + 6p + 24$

Factor each completely. If non-factorable, write "Non-factorable".

1) $12m^3 + 42m^2 + 16m + 56$

2) $6p^3 - 12p^2 + 15p - 30$

3) $48g^3 + 36g^2 + 144g + 108$

4) $24q^3 + 36q^2 - 64q - 96$

5) $40w^3 + 60w^2 + 140w + 210$

6) $36m^3 + 54m^2 + 60m + 90$

7) $12n^3 + 30n^2 - 32n - 80$

8) $15r^3 - 20r^2 + 9r - 12$

9) $18h^3 - 48h^2 - 18h + 48$

10) $60g^3 - 120g^2 + 70g - 140$

Name : _____   Score : _____

Date : _____

Factor each completely. If non-factorable, write "Non-factorable".

1) $60m^3 + 210m^2 + 60m + 210$

2) $15q^3 + 25q^2 - 6q - 10$

3) $9r^3 + 12r^2 + 21r + 28$

4) $12d^3 + 30d^2 + 6d + 15$

5) $6z^3 - 36z^2 - 48z + 288$

6) $3b^3 + 15b^2 + 21b + 105$

7) $6m^3 + 54m^2 + 36m + 324$

8) $72g^3 - 324g^2 + 60g - 270$

9) $g^3 - 4g^2 - 2g + 8$

10) $6z^3 - 36z^2 + 18z - 108$

Name : _____   Score : _____

Date : _____

Factor each completely. If non-factorable, write "Non-factorable".

1) $c^3 - 2c^2 + 29c + 6$

2) $6r^3 + 21r^2 + 31r - 35$

3) $36h^3 + 63h^2 + 96h + 168$

4) $15z^3 - 30z^2 + 18z - 36$

5) $3b^3 - 24b^2 - 15b + 120$

6) $72y^3 + 180y^2 + 11y - 90$

7) $2q^3 - 14q^2 + 14q - 98$

8) $36d^3 - 162d^2 - 36d + 162$

9) $g^3 + 7g^2 + 3g + 21$

10) $2y^3 + 8y^2 - 14y - 56$

Name : _____ Score : _____

Date : _____

Factor each completely. If non-factorable, write "Non-factorable".

1) $45p^3 + 30p^2 - 75p - 50$

2) $60d^3 - 270d^2 - 72d + 324$

3) $12g^3 + 24g^2 + 13g + 32$

4) $36b^3 - 24b^2 + 48b - 32$

5) $36c^3 - 162c^2 + 96c - 432$

6) $6d^3 - 12d^2 + 14d - 28$

7) $36s^3 - 126s^2 - 96s + 336$

8) $6p^3 + 10p^2 - 9p - 15$

9) $4w^3 + 16w^2 + 41w + 40$

10) $54k^3 + 126k^2 + 18k + 42$

Name : _____   Score : _____

Date : _____

Factor each completely. If non-factorable, write "Non-factorable".

1) $q^3 + 5q^2 + 8q + 40$

2) $3w^3 - 6w^2 + 21w - 42$

3) $3q^3 - 24q^2 + 15q - 120$

4) $3c^3 - 24c^2 - 24c + 192$

5) $m^3 - 5m^2 - 6m + 30$

6) $h^3 + 2h^2 - 7h - 14$

7) $p^3 + 2p^2 - 5p - 10$

8) $2w^3 + 18w^2 - 10w - 90$

9) $2w^3 - 8w^2 - 6w + 24$

10) $h^3 - 2h^2 - 3h + 6$

Name : _____

Score : _____

Date : _____

Factor Completely.

1) $s^3n + 512n$

2) $z^3 - 512p^3$

3) $q^3 + 64$

4) $d^4 + 216d$

5) $s^3 + 27$

6) $h^3 + 125b^3$

7) $k^3 + 216h^3$

8) $n^3z - 64z$

9) $x^3n + 343n$

10) $n^4 + 729n$

11) $z^3 + 125$

12) $c^4 - 27c$

Name each polynomial by its degree and number of terms.

1) $- gz^7 - 9r^6 + 6d^3c^4 - 2x^5p^4 - 7g^3d^2$

2) $- 4d^4p^4n^7 - 5g^3 + 7q^6y^5 + 6y^3h^2$

3) $8g^{12} + 6g^{11} + g^8 - 7g^6 + 7g^2 + 4$

4) $- cy + 6k + 3d - 2z - 9g$

Simplify each expression.

5) $(9g^2 - 7g - 5) + (6g - 2) + (8g^4 + 3g^2 - 4)$

6) $(7b^4 - 6b^7) + (3b^7 + 9b^4)$

7) $(8z - 3z^4) - (7z + 4z^3) + (6z^3 + 9z^4 - 5z)$

8) $(8 - 5b^3) - (9b^7 + 6 - 4b^3) + (3 - 2b)$

Multiply to find each product.

9) $\left(3c^2 + 8\right)\left(4c^2 + 2c + 5\right)$

10) $\left(3p^2 + 8\right)\left(9p^2 + 4p + 2\right)$

11) $\left(5s^2 + 3s\right)\left(8s^2 + 2s + 9\right)$

12) $\left(9y^2 + 4y\right)\left(2y^2 + 8y + 6\right)$

Name : _____ Score : _____

Date : _____

Name each polynomial by its degree and number of terms.

1) $cq^4y^6 - 8p^2 + 3d^3g^7 + 5g^6x^3 + 9n^2 - 6n$

2) $-7pr^6s^3 + 4y^7 - 5x^5b^4 - 2b^5h^2 + 6k^7 + 9k$

3) $-ph + 9g + 8c - 6b - 3z + 7n$

4) $6s^{11} + 8s^{10} + 7s^8 + 2s^7 - s^5 - 9s^3$

Simplify each expression.

5) $(4k^3 + 8k^2 - 5) + (9k^2 - 6) - (3k^3 + 7k)$

6) $(6y^7 - 3) - (5y^7 + 7 + 4y^4) + (2y^4 - 9y)$

7) $(2y^7 - 9) + (8y^7 + 5 + 4y^3) + (3y^3 - 7y - 6)$

8) $(6p^2 - 5p^3) - (7p^4 + 2p^3 - 4) + (8p^4 - 9p + 3)$

Multiply to find each product.

9) $(p^2 + 4p) \ (p^2 + 5p + 6)$

10) $(x^2 + 5x) \ (x^2 + 8x + 7)$

11) $(s^2 + 7) \ (s^2 + 8s + 4)$

12) $(q^2 + 4) \ (q^2 + 2q + 8)$

Name : _____   Score : _____

Date : _____

Name each polynomial by its degree and number of terms.

1) $-2dp - 8h + 7g + 9z$

2) $-2z^5p^7 - 5b^6 + 9n^2r^4 - 4h^2c^5$

3) $ck^2 - 6d^6 + 4s^3h^5 + 7z^4g^5$

4) $-nz^5h^2 + 5c^7 + 3b^3s^6 + 6s^2g^3 - 2x^7$

Simplify each expression.

5) $(6z - 8z^4) + (4z - 7z^3) + (5z^3 + 9z^4 - 3z)$

6) $(4x^3 - 8) + (6x^3 + 3 - x^7) - (2x^7 - 7)$

7) $(7k^6 + 9) + (5k^6 - 4 - 6k^5) + (8k^5 + 2k + 3)$

8) $(3p^6 + 4p + 5) - (7p^6 + 8 + p^7) - (9p^7 - 6)$

Multiply to find each product.

9) $\left(5n^2 + 4n\right)\left(3n^2 + 8n\right)$

10) $\left(z^2 + 8z\right)\left(z^2 + 2z\right)$

11) $\left(d^2 + 4\right)\left(d^2 + 3\right)$

12) $\left(7x^2 + 8\right)\left(4x^2 + 6\right)$

Name : _____   Score : _____

Date : _____

Name each polynomial by its degree and number of terms.

1) $- 6d^6c^6b^7 + 9q^3 + 3y^5r^4 - 4r^3k^2$

2) $- 8qc^3 + 2k^7 - 6s^4p^5 - 9b^3r^5$

3) $-5g^{12} + 6g^8 - g^7 - 3g^5 + 8g^4 - 6g^3$

4) $bx^4 + 5d^3 + 8h^5s^7 - 9z^2r^7$

Simplify each expression.

5) $(2 - 9q^4) + (6q^5 - 5 - 7q^4) + (3 - 8q - 4q^5)$

6) $(9p^2 + 2p^4 + 4) - (3p^2 - 6p^3) - (5p^3 - 7p^4 + 8)$

7) $(2q^4 + 3q^2 + 4q) - (5q^2 + 8q) + (7 - 6q^3 + 9q^4)$

8) $(3r^2 + 5r^3) - (4r^4 + 2r^3 - 6) + (7r^4 - 9r + 8)$

Multiply to find each product.

9) $\left(4p^2 + 8p + 9\right)\left(2p^2 + 3p + 7\right)$

10) $\left(9x^2 + 7x + 5\right)\left(4x^2 + 8x + 6\right)$

11) $\left(2z^2 + 5z + 9\right)\left(7z^2 + 6z + 4\right)$

12) $\left(6p^2 + 5p + 9\right)\left(3p^2 + 2p + 7\right)$

Name : _____ Score : _____

Date : _____

Name each polynomial by its degree and number of terms.

1) $-5x^{12} + 5x^{11} + 3x^8 + 9x^3 - 9x$

2) $6p^4h^7 - 8s^6 + 5n^3x^5$

3) $-xr - 7g - 2b$

4) $-7y^6s^6g^2 + 3x^7 - 5n^4b^5$

Simplify each expression.

5) $(2n^4 - 7) + (9n^4 + 8 - 5n^2)$

6) $(8k^4 + 3) - (5k^4 + 2 + 4k^3) + (6k^3 - 9k)$

7) $(2 + 9h^3 - 4h^4) - (5h^4 - 6) + (8h^3 + 3h^2)$

8) $(2n^2 - 5) + (9n^2 - 7 + n^5)$

Multiply to find each product.

9) $\left(z^2 + 9z + 4\right)\left(z^2 + 7z + 5\right)$

10) $\left(d^2 + 7d + 4\right)\left(d^2 + 8d + 3\right)$

11) $\left(p^2 + 9p + 6\right)\left(p^2 + 7p + 8\right)$

12) $\left(k^2 + 9k + 3\right)\left(k^2 + 6k + 5\right)$

Name each polynomial by its degree and number of terms.

1) $-8b^7c^5 + 7g^3 + 3y^6d^4$

2) $4kx^4b$

3) $-3bq^7s^5 - 6g^3 + 7k^2d^4$

4) $5hx - 4q + 6r$

Simplify each expression.

5) $(3 - 4z^5) - (2z^5 + 7)$

6) $(2b + 5b^4) - (3b + 9b^3) + (4b^3 - 7b^4 + 8b)$

7) $(4p^3 + 8p^2 - 7) - (5p^2 + 6) + (3p^3 - 2p)$

8) $(2 - 3k^5) - (9k^6 - 8 + 6k^5) + (5 - 4k)$

Multiply to find each product.

9) $\left(g^2 + 2g\right)\left(g^2 + 7g + 8\right)$

10) $\left(r^2 + 4r\right)\left(r^2 + 3r + 2\right)$

11) $\left(q^2 + 4\right)\left(q^2 + 8q + 6\right)$

12) $\left(k^2 + 9\right)\left(k^2 + 3k + 5\right)$

Name : _____ Score : _____

Date : _____

Name each polynomial by its degree and number of terms.

1) $-3x^6h + 9c - 5d - 4y$

2) $2z^6b^6n^5 + 3g^4 - 4x^3r^7 + 9r^4q^2$

3) $7qs^7h^4 - 9b^4$

4) $kq^5c^2 + 5p^2$

Simplify each expression.

5) $(6z + 8z^4) - (2z - 7z^3) + (5z^3 + 9z^4 - 3z)$

6) $(6d^2 - 3) + (8d^2 - 7 + d^3) + (4d^3 + 9)$

7) $(5k - 9k^4) + (6k^2 - 2k^4) + (3k - 7k^2 + 8)$

8) $(5c + 4c^4) - (2c^4 + 8c)$

Multiply to find each product.

9) $(7p^2 + 6p)(8p^2 + 3p + 9)$

10) $(9p^2 + 4)(7p^2 + 8p + 3)$

11) $(7s^2 + 2)(6s^2 + 9s + 4)$

12) $(7b^2 + 3b)(8b^2 + 9b + 5)$

Name : _____ **Score :** _____

Date : _____

Name each polynomial by its degree and number of terms.

1) $-cr^4 + 2z^5$

2) $-2hq^5 - 3x^7$

3) $5kq^6c^3 + 7d^3$

4) $-8g^5h^7 - 5c^7$

Simplify each expression.

5) $(4 + 7n^5) + (3n^5 + 8)$

6) $(2n^2 + 4n) + (6n - 7n^2)$

7) $(4g^2 + 5g^3 + 3g^4) - (9g^4 + 8) - (7g^3 - 2g^2)$

8) $(9p - 7p^6) + (6p^6 - 5p)$

Multiply to find each product.

9) $(5r^2 + 6r)(2r^2 + 4r)$

10) $(9g^2 + 6)(2g^2 + 8)$

11) $(9d^2 + 3)(2d^2 + 4)$

12) $(8c^2 + 5c)(6c^2 + 3c)$

Name each polynomial by its degree and number of terms.

1) $4qs^3$

2) $5g^7x$

3) $7qz^2h$

4) $5d^3$

Simplify each expression.

5) $(7d - 9d^6) + (2d^6 - 6d)$

6) $(2q^3 + 9q) + (5q - 4q^3)$

7) $(9r^2 + 5r^6) + (8r^6 - 4)$

8) $(6 - 7c^6) + (2c^6 - 5)$

Multiply to find each product.

9) $\left(d^2 + 2d\right)\left(d^2 + 7d\right)$

10) $\left(d^2 + 6\right)\left(d^2 + 4\right)$

11) $\left(d^2 + 3d\right)\left(d^2 + 5d\right)$

12) $\left(p^2 + 4\right)\left(p^2 + 9\right)$

Name : _____   Score : _____

Date : _____

Name each monomials by its degree and number of terms.

1) $-3z^5g$

2) $-qn^5$

3) $-xp^6n$

4) $-5cq$

Simplify each expression.

5) $(8g^4 - 2g^2 - 7g) - (5g^2 + 6g) + (3 + 9g^3 + 4g^4)$

6) $(6x^4 - 2x^5) + (4x^5 - 8)$

7) $(7b^6 + 9b) + (5b + 8b^6)$

8) $(7r^4 + 8) - (3 - 2r^3 - 6r^4)$

Multiply to find each product.

9) $\left(3s^2 + 6s\right) \left(5s^2 + 8s\right)$

10) $\left(s^2 + 9\right) \left(s^2 + 7\right)$

11) $\left(h^2 + 3\right) \left(h^2 + 4h + 5\right)$

12) $\left(6k^2 + 4k\right) \left(2k^2 + 9k + 8\right)$

Name each binomials by its degree and number of terms.

1) $4k^4q^3b^3 - 9n^3$

2) $-2pq^3 - 4s^5$

3) $dh^6 + 9x^5$

4) $9n^6g^7 - 6q^7$

Simplify each expression.

5) $(4c^4 + 5) + (8 + 2c^3 + 7c^4)$

6) $(5k^2 - 7k^3 + 4k^4) + (8k^4 + 3) - (2k^3 + 6k^2)$

7) $(7y^4 + 8y^3 + 6) + (9y^3 - 2y^2 - 4)$

8) $(6 - 3q^3) + (9q^3 - 4)$

Multiply to find each product.

9) $(q^2 + 6q)\ (q^2 + 5q + 3)$

10) $(5s^2 + 7)\ (9s^2 + 2s + 8)$

11) $(3y^2 + 9)\ (8y^2 + 7)$

12) $(9s^2 + 4s + 5)\ (7s^2 + 6s + 8)$

Name : _____   Score : _____

Date : _____

Name each polynomial by its degree and number of terms.

1) $- dx - 4z + 8n + 7p$

2) $7hd - 9k + 3q - 2p$

3) $7c^9 - 2c^8 + c^6 - c$

4) $8n^6k^5 + 7h^4 - 6x^3p^2 + 5y^3d^6$

Simplify each expression.

5) $(9 - 4y^3) + (6y^4 + 7 - 3y^3)$

6) $(7d^2 - 4d - 2) + (9d + 8) + (5d^4 - 6d^2 - 3)$

7) $(9h + 6h^4) - (5h + 2h^4 - 8)$

8) $(n^6 + 5n^3 - 7) - (3n^6 + 8 + 9n^3) - (2n^3 - 4n - 6)$

Multiply to find each product.

9) $(s^2 + 2)\ (s^2 + 8)$

10) $(y^2 + 5y)\ (y^2 + 9y)$

11) $(4d^2 + 3d)\ (9d^2 + 7d)$

12) $(d^2 + 5)\ (d^2 + 7d + 9)$

Name : _____   Score : _____

Date : _____

Name each polynomial by its degree and number of terms.

1) $-7p^2k^2y^6 + 2h^7 - 3q^4b^3 - 5b^7d^5 + 8p^7$

2) $-rh^5b^6 - 4n^2 + 5c^7p^3 - 8p^6g^7 + 3x^2$

3) $cr + 7g + 9p - 8d - 2n$

4) $5s^4g^7 + 6r^6 - 3x^3p^5 - 7n^3c^4 - 4c^5y^2$

Simplify each expression.

5) $(7 - 3p^2 + 5p^4) - (9p - 4p^4 - 8)$

6) $(2y^3 + 6y^6) - (3y^6 - 5)$

7) $(7k^3 - 2k^2 + 4k) + (8k^4 - 3k^2 + k) - (6k^3 - 9k^4 - 5k^2)$

8) $(4h - 9h^4) - (6h + 2h^3) + (3h^3 + 8h^4 - 5h)$

Multiply to find each product.

9) $\left(n^2 + 8\right)\left(n^2 + 2\right)$

10) $\left(k^2 + 4k + 9\right)\left(k^2 + 7k + 3\right)$

11) $\left(z^2 + 8\right)\left(z^2 + 9z + 5\right)$

12) $\left(n^2 + 6n\right)\left(n^2 + 7n + 2\right)$

Name : _____   Score : _____

Date : _____

Name each polynomial by its degree and number of terms.

1) $6bh^3s^2 + 9r^4 - 2d^7g^6 - 3g^7n^5 - 5q^4 - 7q$

2) $7h^4b^4z^2 + 6c^6 - 2n^7r^3 - 9r^6p^5 + 4h^6 - 8k$

3) $3d^5h^7 - 4p^4 - 8r^2b^3 + 2n^2c^5 + 9c^3q^6 - 9q$

4) $-9n^3d + 6g - 5s - 7y + 3k + 4h$

Simplify each expression.

5) $(6c + 7 + 8c^3) - (3c^3 - 2 - 4c^5)$

6) $(8b^3 - 4b + 5) + (9b^3 + 7 - b^5) + (3b^5 - 2)$

7) $(7x - 2x^3) + (6x^3 + 3x)$

8) $(6z^2 - 9z^4 + 3) + (4z^2 - 2z^3) + (5z^3 + 7z^4 - 8)$

Multiply to find each product.

9) $(c^2 + 3)(c^2 + 8c + 5)$

10) $(r^2 + 2r)(r^2 + 8r + 6)$

11) $(4x^2 + 6x)(7x^2 + 5x + 2)$

12) $(8s^2 + 7s + 6)(3s^2 + 2s + 9)$

Polynomial Quiz

1. A polynomial is an expression consisting of?

    a. coefficients and terms

    b. variables and constant

    c. variables and coefficients

2. A polynomial can have?

    a. coefficients, degrees, numbers

    b. constants, variables, exponents

    c. terms, variables, exponents

3. To add polynomials you simply?

    a. add any like terms together

    b. switch terms and add

    c. divide any like terms together

4. If the variable in a term is multiplied by a number, then this number is called?

    a. exponents

    b. coefficient

    c. polynomial

5. The exponent on the variable portion of a term tells you the _____ of that term?

    a. the term

    b. the degree

    c. the variable

6. The "poly-" prefix in "polynomial" means many

    a. few

    b. less than

    c. many

7. Monomial

    a. is a one-term polynomial

    b. is a two-term polynomial

    c. is a three-term polynomial

8. Linear

    a. is a first-degree polynomial

    b. is a third-degree polynomial

    c. is a second-degree polynomial

9. Cubic

    a. is a third-degree polynomial

    b. is a third/fourth-degree polynomial

    c. is a second-degree polynomial

10. Binomial

    a. is a three-term polynomial

    b. is a two-term polynomial

    c. is a one-term polynomial

11. Quadratic

    a. is a zero-degree polynomial

    b. is a one-degree polynomial

    c. is a second-degree polynomial

12. Trinomial

    a. is a two-term polynomial

    b. is a three-term polynomial

    c. is a one-term polynomial

13. The degree of a polynomial is the degree of the?

    a. term with the smallest degree

    b. term with the middle degree

    c. term with the largest degree

14. Quintic

    a. is a fifth-degree polynomial

    b. is a fifth/sixth-degree polynomial

    c. is a first-degree polynomial

15. Quartic

    a. is a tenth-degree polynomial

    b. is a fourth-degree polynomial

    c. is a fifth-degree polynomial

16. What is a polynomial with 4 terms?

    a. quadrinomial

    b. trinomial

    c. monomial

17. What do you call a 5 term polynomial?

    a. a fifth-degree polynomial

    b. a five-term polynomial

    c. cubic

18. A polynomial is the sum or?

    a. difference of terms

    b. difference of monomials

    c. difference of exponent

19. The degree of a monomial is the sum of the?

    a. coefficients of the variables

    b. exponents of the variables

    c. degree of the variables

20. Leading coefficient is the?

    a. term with the greater than lesser degree.

    b. term with the largest degree

    c. term with the smallest degree

21. Standard Form of a polynomial is the list of the monomials in order from?

    a. largest to smaller degree

    b. less than to smaller degree

    c. smaller to largest degree

Key: 1

Name each polynomial by its degree and number of terms.

1) $3d^9 - 5d^2$

   Ninth degree Binomial

2) $-7y^8 + 8y^7$

   Eighth degree Binomial

3) $-9z^7 + 7z^6$

   Seventh degree Binomial

4) $-9g^7 - 8$

   Seventh degree Binomial

Simplify each expression.

5) $(3h^2 + 6) - (9h^2 - 5 + h^6)$

   $-h^6 - 6h^2 + 11$

6) $(6z^2 + 7z^5) + (3z^5 + 8)$

   $10z^5 + 6z^2 + 8$

7) $(6 + 5b^5) - (3b^6 - 2 + 7b^5)$

   $-3b^6 - 2b^5 + 8$

8) $(9x^5 - 7x) - (6x + 4x^5)$

   $5x^5 - 13x$

Multiply to find each product.

9) $\left(4d^2 + 5d\right)\left(9d^2 + 3d + 6\right)$

   $36d^4 + 57d^3 + 39d^2 + 30d$

10) $\left(6k^2 + 8k\right)\left(2k^2 + 3k\right)$

    $12k^4 + 34k^3 + 24k^2$

11) $\left(z^2 + 3\right)\left(z^2 + 8\right)$

    $z^4 + 11z^2 + 24$

12) $\left(k^2 + 2k\right)\left(k^2 + 6k\right)$

    $k^4 + 8k^3 + 12k^2$

Key: 2

Name each polynomial by its degree and number of terms.

1) $6d^7 - d^2 - 3d + 9$

    Seventh degree - 4 Terms

2) $-4d^{12} - 9d^{10} + 3d^8 + 5$

    Twelfth degree - 4 Terms

3) $-3c^{11} - 4c^6 - 7c^4 + 6c^2$

    Eleventh degree - 4 Terms

4) $-7r^{11} + 6r^{10} - 9r^7 - 4r^2$

    Eleventh degree - 4 Terms

Simplify each expression.

5) $(3 + 8x^5) - (7x^7 - 4 + 5x^5)$

    $-7x^7 + 3x^5 + 7$

6) $(9z^4 + 4) - (2z^4 + 8 - 5z^3)$

    $7z^4 + 5z^3 - 4$

7) $(2 - 3b^4) + (5b^4 + 9)$

    $2b^4 + 11$

8) $(5s^2 + 7s^3) - (8s^3 - 2s^4 + 3s^2)$

    $2s^4 - s^3 + 2s^2$

Multiply to find each product.

9) $(6n^2 + 8n)\ (7n^2 + 9n)$

    $42n^4 + 110n^3 + 72n^2$

10) $(2k^2 + 4)\ (9k^2 + 5)$

    $18k^4 + 46k^2 + 20$

11) $(7g^2 + 5g + 3)\ (4g^2 + 9g + 2)$

    $28g^4 + 83g^3 + 71g^2 + 37g + 6$

12) $(x^2 + 6x + 5)\ (x^2 + 4x + 9)$

    $x^4 + 10x^3 + 38x^2 + 74x + 45$

Key: 3

Name each polynomial by its degree and number of terms.

1) $2n^{11} + 8n^{10} + 9n^2$

    Eleventh degree Trinomial

2) $-2k^7 - 9k^5 + 7k^3$

    Seventh degree Trinomial

3) $-8g^{11} + 9g^8 - 5g^6$

    Eleventh degree Trinomial

4) $8n^{12} + 7n^{11} - 6n^5$

    Twelfth degree Trinomial

Simplify each expression.

5) $(2s^3 - 9s^5) - (7s^5 + 6s^3)$

    $-16s^5 - 4s^3$

6) $(6n^7 - 5) - (2n^7 + 7 + 9n^3)$

    $4n^7 - 9n^3 - 12$

7) $(8x^2 - 5x) - (7x + 6x^2)$

    $2x^2 - 12x$

8) $(3x - 6x^3) + (2x^3 + 5x)$

    $-4x^3 + 8x$

Multiply to find each product.

9) $\left(2y^2 + 4\right)\left(9y^2 + 7\right)$

    $18y^4 + 50y^2 + 28$

10) $\left(3z^2 + 2z\right)\left(5z^2 + 6z\right)$

    $15z^4 + 28z^3 + 12z^2$

11) $\left(k^2 + 5\right)\left(k^2 + 8\right)$

    $k^4 + 13k^2 + 40$

12) $\left(5h^2 + 7h\right)\left(2h^2 + 8h + 4\right)$

    $10h^4 + 54h^3 + 76h^2 + 28h$

Key: 4

Name each polynomial by its degree and number of terms.

1) $g^8 + 9g^4$

  Eighth degree Binomial

2) $-2c^{11} - 9c^2$

  Eleventh degree Binomial

3) $7z^{10} + 5z^6$

  Tenth degree Binomial

4) $-3c^{11} - 4c^3$

  Eleventh degree Binomial

Simplify each expression.

5) $(6 - 3g^6) + (2g^6 - 7)$

  $-g^6 - 1$

6) $(7z^5 - 9) + (2z^5 - 8 + 6z^3)$

  $9z^5 + 6z^3 - 17$

7) $(9s^5 + 2) - (3s^5 - 4 + s^6)$

  $-s^6 + 6s^5 + 6$

8) $(6c^4 + 8) - (4 + 9c^3 + 7c^4)$

  $-c^4 - 9c^3 + 4$

Multiply to find each product.

9) $\left(z^2 + 2z\right)\left(z^2 + 8z + 6\right)$

  $z^4 + 10z^3 + 22z^2 + 12z$

10) $\left(z^2 + 3\right)\left(z^2 + 4\right)$

  $z^4 + 7z^2 + 12$

11) $\left(8k^2 + 6k\right)\left(4k^2 + 2k + 7\right)$

  $32k^4 + 40k^3 + 68k^2 + 42k$

12) $\left(5n^2 + 6n\right)\left(3n^2 + 2n\right)$

  $15n^4 + 28n^3 + 12n^2$

:

Key: 5

Name each polynomial by its degree and number of terms.

1) 3

Monomial

2) $7q^3$

Cubic Monomial

3) $-9d^{11}$

Eleventh degree Monomial

4) $-b^{11}$

Eleventh degree Monomial

Simplify each expression.

5) $(3y^3 - 4) + (9y^3 - 5 + y^4)$

$y^4 + 12y^3 - 9$

6) $(7x^4 - 9) + (2 + 8x^3 + 6x^4)$

$13x^4 + 8x^3 - 7$

7) $(7q - 3q^4) + (9q^4 + 6q)$

$6q^4 + 13q$

8) $(6p^4 + 7) - (4p^4 + 3 + 9p^3)$

$2p^4 - 9p^3 + 4$

Multiply to find each product.

9) $(n^2 + 5)(n^2 + 6n + 8)$

$n^4 + 6n^3 + 13n^2 + 30n + 40$

10) $(q^2 + 3q)(q^2 + 8q + 4)$

$q^4 + 11q^3 + 28q^2 + 12q$

11) $(p^2 + 5p + 9)(p^2 + 7p + 6)$

$p^4 + 12p^3 + 50p^2 + 93p + 54$

12) $(9h^2 + 3)(5h^2 + 4h + 8)$

$45h^4 + 36h^3 + 87h^2 + 12h + 24$

Key: 6

Name each polynomial by its degree and number of terms.

1) $-ys^7 - 9c^4$

   Eighth degree Binomial

2) $-7rn^7h^4 - 4y^4$

   Twelfth degree Binomial

3) $-5r^5q - 8b$

   Sixth degree Binomial

4) $-6p^{12} - 5p^3$

   Twelfth degree Binomial

Simplify each expression.

5) $(3x^4 + 7) + (5 - 6x^3 - 8x^4)$

   $-5x^4 - 6x^3 + 12$

6) $(2n^3 - 9n^6) - (4n^6 + 6n^3)$

   $-13n^6 - 4n^3$

7) $(7c + 6c^4) + (8c - 5c^2 - 4c^4)$

   $2c^4 - 5c^2 + 15c$

8) $(6h^2 - 8h^3) - (7h^3 + 9h^4 - 2h^2)$

   $-9h^4 - 15h^3 + 8h^2$

Multiply to find each product.

9) $\left(9g^2 + 2g\right)\left(3g^2 + 7g + 6\right)$

   $27g^4 + 69g^3 + 68g^2 + 12g$

10) $\left(8b^2 + 2\right)\left(6b^2 + 9b + 7\right)$

   $48b^4 + 72b^3 + 68b^2 + 18b + 14$

11) $\left(5z^2 + 9\right)\left(6z^2 + 3\right)$

   $30z^4 + 69z^2 + 27$

12) $\left(b^2 + 8b\right)\left(b^2 + 7b\right)$

   $b^4 + 15b^3 + 56b^2$

Key: 7

Name each polynomial by its degree and number of terms.

1) $-5r^{10} + 2r^3 - 4$

Tenth degree Trinomial

2) $-9g^5y$

Sixth degree Monomial

3) $4c^6$

Sixth degree Monomial

4) $7pz^4$

Quintic Monomial

Simplify each expression.

5) $(4g - 9g^4) + (3g^4 - 8g)$

$-6g^4 - 4g$

6) $(3g^4 + 8g^7) + (9g^7 - 5g^4)$

$17g^7 - 2g^4$

7) $(2r^3 - 3) + (6r^3 + 5 - r^4)$

$-r^4 + 8r^3 + 2$

8) $(8p^2 + 9p^5) - (5p^5 - 4)$

$4p^5 + 8p^2 + 4$

Multiply to find each product.

9) $(7z^2 + 2z)(5z^2 + 4z + 9)$

$35z^4 + 38z^3 + 71z^2 + 18z$

10) $(c^2 + 7c + 8)(c^2 + 4c + 2)$

$c^4 + 11c^3 + 38c^2 + 46c + 16$

11) $(c^2 + 3)(c^2 + 7c + 8)$

$c^4 + 7c^3 + 11c^2 + 21c + 24$

12) $(3z^2 + 4z)(7z^2 + 5z)$

$21z^4 + 43z^3 + 20z^2$

Name each polynomial by its degree and number of terms.

1) $6hr$

   Quadratic Monomial

2) $-xy^4$

   Quintic Monomial

3) $-6p^5h^4z$

   Tenth degree Monomial

4) $9p^8$

   Eighth degree Monomial

Simplify each expression.

5) $(3g^2 - 7g^6) - (6g^6 + 4)$

   $-13g^6 + 3g^2 - 4$

6) $(2 + 4c^3) + (9c^3 - 8)$

   $13c^3 - 6$

7) $(6x - 5x^5) - (7x^5 - 4x)$

   $-12x^5 + 10x$

8) $(8g^2 + 4g^4) + (6g^4 + 5g^2)$

   $10g^4 + 13g^2$

Multiply to find each product.

9) $(z^2 + 5z)(z^2 + 9z)$

   $z^4 + 14z^3 + 45z^2$

10) $(c^2 + 9)(c^2 + 3)$

   $c^4 + 12c^2 + 27$

11) $(c^2 + 5)(c^2 + 8)$

   $c^4 + 13c^2 + 40$

12) $(b^2 + 4b)(b^2 + 9b)$

   $b^4 + 13b^3 + 36b^2$

Key: 9

Name each polynomial by its degree and number of terms.

1) $-8yk^7 + 5n^6 - 3z^2c^5$

    Eighth degree Trinomial

2) $3y^7n^7p^3 - 5b^4 - 7c^2z^6$

    Seventeenth degree Trinomial

3) $-4rq^5z^2 + 5p^7 - 3y^3k^6$

    Ninth degree Trinomial

4) $xz^2 - 6d^6 - 5y^4p^3$

    Seventh degree Trinomial

Simplify each expression.

5) $(4r^2 + 8r^3) + (9r^3 - 5r^4 + 2r^2)$

    $-5r^4 + 17r^3 + 6r^2$

6) $(7p^2 - 8) - (4p^2 - 9 + p^4)$

    $-p^4 + 3p^2 + 1$

7) $(3k^4 - 4) + (2 - 6k^3 + 9k^4)$

    $12k^4 - 6k^3 - 2$

8) $(4s^6 + 6s^7) + (8s^7 - 2)$

    $14s^7 + 4s^6 - 2$

Multiply to find each product.

9) $\left(4h^2 + 7\right)\left(6h^2 + 2\right)$

    $24h^4 + 50h^2 + 14$

10) $\left(b^2 + 6b\right)\left(b^2 + 3b + 7\right)$

    $b^4 + 9b^3 + 25b^2 + 42b$

11) $\left(8z^2 + 6z\right)\left(5z^2 + 2z\right)$

    $40z^4 + 46z^3 + 12z^2$

12) $\left(r^2 + 7\right)\left(r^2 + 8r + 2\right)$

    $r^4 + 8r^3 + 9r^2 + 56r + 14$

Key: 10

Name each polynomial by its degree and number of terms.

1) $2x^7n^6$

   Thirteenth degree Monomial

2) $6zy^3c$

   Quintic Monomial

3) $9h^{12} + 3h^9$

   Twelfth degree Binomial

4) $-5k^5c^6d$

   Twelfth degree Monomial

Simplify each expression.

5) $(7y - 8y^3) + (2y^3 - 4y)$

   $-6y^3 + 3y$

6) $(9 - 7c^4) - (5c^4 - 2)$

   $-12c^4 + 11$

7) $(8c^4 + 7c^5) - (3c^5 + 2c^4)$

   $4c^5 + 6c^4$

8) $(3g^5 - 2g) + (8g + 9g^5)$

   $12g^5 + 6g$

Multiply to find each product.

9) $\left(q^2 + 5\right)\left(q^2 + 9\right)$

   $q^4 + 14q^2 + 45$

10) $\left(k^2 + 8k\right)\left(k^2 + 5k + 9\right)$

   $k^4 + 13k^3 + 49k^2 + 72k$

11) $\left(q^2 + 7\right)\left(q^2 + 5q + 3\right)$

   $q^4 + 5q^3 + 10q^2 + 35q + 21$

12) $\left(8d^2 + 2d\right)\left(3d^2 + 5d\right)$

   $24d^4 + 46d^3 + 10d^2$

:

Key: 11

Name each polynomial by its degree and number of terms.

1) $yd^7 + 7k^3$

Eighth degree Binomial

2) $-7d^2g + 2h$

Cubic Binomial

3) $-kd - 8c$

Quadratic Binomial

4) $7qn + 5r$

Quadratic Binomial

Simplify each expression.

5) $(8b^4 + 2) - (4 - 9b^3 - 5b^4)$

$13b^4 + 9b^3 - 2$

6) $(3n^4 - 9n^3) - (5n^3 + 8n - 7n^4)$

$10n^4 - 14n^3 - 8n$

7) $(5x^5 + 8) - (3x^5 + 7 - x^7)$

$x^7 + 2x^5 + 1$

8) $(2 - 3s^2) - (9s^3 - 7 - 8s^2)$

$-9s^3 + 5s^2 + 9$

Multiply to find each product.

9) $\left(r^2 + 9\right)\left(r^2 + 2r + 6\right)$

$r^4 + 2r^3 + 15r^2 + 18r + 54$

10) $\left(n^2 + 4\right)\left(n^2 + 8\right)$

$n^4 + 12n^2 + 32$

11) $\left(3y^2 + 8y\right)\left(7y^2 + 4y + 9\right)$

$21y^4 + 68y^3 + 59y^2 + 72y$

12) $\left(3n^2 + 7\right)\left(8n^2 + 5n + 9\right)$

$24n^4 + 15n^3 + 83n^2 + 35n + 63$

:

Answer Key

Name each polynomial by its degree and number of terms.

1) $rg + 5n$

Quadratic Binomial

2) $-5k^2h^6g^6 - 6z^6$

Fourteenth degree Binomial

3) $-3z^{11} - 9z^{10} - 8z^7$

Eleventh degree Trinomial

4) $-4x^6y^7 + 6d^7$

Thirteenth degree Binomial

Simplify each expression.

5) $(9 + 3p^5) + (8p^6 + 4 - 2p^5)$

$8p^6 + p^5 + 13$

6) $(2c + 8c^4) + (9c + 4c^2 - 6c^4)$

$2c^4 + 4c^2 + 11c$

7) $(8y^5 - 7) + (2y^5 - 3 + 6y^4)$

$10y^5 + 6y^4 - 10$

8) $(4q^3 - 9) - (7q^3 - 2 - q^7)$

$q^7 - 3q^3 - 7$

Multiply to find each product.

9) $(8x^2 + 7x)(6x^2 + 5x + 4)$

$48x^4 + 82x^3 + 67x^2 + 28x$

10) $(8d^2 + 7)(2d^2 + 9d + 6)$

$16d^4 + 72d^3 + 62d^2 + 63d + 42$

11) $(4h^2 + 2h)(8h^2 + 6h)$

$32h^4 + 40h^3 + 12h^2$

12) $(p^2 + 2)(p^2 + 8p + 7)$

$p^4 + 8p^3 + 9p^2 + 16p + 14$

:

Key: 13

Name each polynomial by its degree and number of terms.

1) $-5xn^7$

    Eighth degree Monomial

2) $-9g^3q^6c$

    Tenth degree Monomial

3) $-xr^6q$

    Eighth degree Monomial

4) $-gp^5$

    Sixth degree Monomial

Simplify each expression.

5) $(7g^4 - 2) + (8 + 4g^3 - 5g^4)$

    $2g^4 + 4g^3 + 6$

6) $(3r^7 + 5) - (8r^7 - 7 + 9r^2)$

    $-5r^7 - 9r^2 + 12$

7) $(6 - 8y^6) - (9y^7 - 7 + 3y^6)$

    $-9y^7 - 11y^6 + 13$

8) $(8r - 2r^4) - (9r + 6r^2 + 7r^4)$

    $-9r^4 - 6r^2 - r$

Multiply to find each product.

9) $\left(7y^2 + 5y + 6\right)\left(4y^2 + 9y + 2\right)$

    $28y^4 + 83y^3 + 83y^2 + 64y + 12$

10) $\left(r^2 + 5\right)\left(r^2 + 2\right)$

    $r^4 + 7r^2 + 10$

11) $\left(k^2 + 9k\right)\left(k^2 + 3k\right)$

    $k^4 + 12k^3 + 27k^2$

12) $\left(x^2 + 9\right)\left(x^2 + 3x + 4\right)$

    $x^4 + 3x^3 + 13x^2 + 27x + 36$

Name each polynomial by its degree and number of terms.

1) $5b^{12} + 9b^9 + 6b^8 + b^4 - 4b$

   Twelfth degree - 5 Terms

2) $cd^4 - 4x^7 - 7h^3g^2 - 2k^5z^2$

   Seventh degree Polynomial - 4 Terms

3) $- 5yx - 9r + 6z + 2n$

   Quadratic Polynomial - 4 Terms

4) $5p^4z - 3h - 8x + 6q$

   Quintic Polynomial - 4 Terms

Simplify each expression.

5) $(8 - 5y^2) + (6y^2 + 4)$

   $y^2 + 12$

6) $(2y^7 + 9y) + (6y + 3y^7)$

   $5y^7 + 15y$

7) $(3b^4 + 5b^7) - (4b^7 - 6b^4)$

   $b^7 + 9b^4$

8) $(6k^2 + 3k^6) - (5k^6 - 9)$

   $- 2k^6 + 6k^2 + 9$

Multiply to find each product.

9) $\left(n^2 + 6n + 9\right)\left(n^2 + 4n + 5\right)$

   $n^4 + 10n^3 + 38n^2 + 66n + 45$

10) $\left(2x^2 + 8x\right)\left(5x^2 + 7x\right)$

   $10x^4 + 54x^3 + 56x^2$

11) $\left(9q^2 + 5q\right)\left(7q^2 + 8q + 4\right)$

   $63q^4 + 107q^3 + 76q^2 + 20q$

12) $\left(c^2 + 4\right)\left(c^2 + 3\right)$

   $c^4 + 7c^2 + 12$

:

Name each polynomial by its degree and number of terms.

1) $-6qh^6b^2 - 7s^7 - 4d^5p^3 + 8p^5c^4$

   Ninth degree Polynomial - 4 Terms

2) $7y^4s^7 + 3c^3 - 5d^2z^5 - 9p^2r^4$

   Eleventh degree Polynomial - 4 Terms

3) $hq^4y^7 - 4r^3 + 9k^2z^6 + 2z^7c^2$

   Twelfth degree Polynomial - 4 Terms

4) $-5r^6z - 8h + 3y + 2k$

   Seventh degree Polynomial - 4 Terms

Simplify each expression.

5) $(3z^2 + 8z^3) + (5z^3 + 2z^4 - 9z^2)$

   $2z^4 + 13z^3 - 6z^2$

6) $(8p^4 + 9) - (4p^4 - 2 + 3p^3)$

   $4p^4 - 3p^3 + 11$

7) $(4 - 7p^4) - (3p^5 + 9 + 5p^4)$

   $-3p^5 - 12p^4 - 5$

8) $(2 - 9p^2) + (3p^2 - 7)$

   $-6p^2 - 5$

Multiply to find each product.

9) $\left(k^2 + 3k + 7\right)\left(k^2 + 5k + 4\right)$

   $k^4 + 8k^3 + 26k^2 + 47k + 28$

10) $\left(x^2 + 2x\right)\left(x^2 + 9x\right)$

   $x^4 + 11x^3 + 18x^2$

11) $\left(5k^2 + 2k + 3\right)\left(7k^2 + 8k + 4\right)$

   $35k^4 + 54k^3 + 57k^2 + 32k + 12$

12) $\left(8p^2 + 3\right)\left(6p^2 + 4p + 7\right)$

   $48p^4 + 32p^3 + 74p^2 + 12p + 21$

Key: 16

Name each polynomial by its degree and number of terms.

1) $-7dp^7 + 2r^6 + 6n^5z^3$

    Eighth degree Trinomial

2) $4s^6q^7 - 7y^4 - 5k^5d^2$

    Thirteenth degree Trinomial

3) $-4k^{12} - 2k^5 - 9$

    Twelfth degree Trinomial

4) $6yb + 4r + 7h$

    Quadratic Trinomial

Simplify each expression.

5) $(2y^7 + 3) - (6y^7 - 9 - 4y^4)$

    $-4y^7 + 4y^4 + 12$

6) $(4q + 8q^4) - (6q^4 + 9q)$

    $2q^4 - 5q$

7) $(8y^2 - 9y^5) + (5y^5 + 6)$

    $-4y^5 + 8y^2 + 6$

8) $(9y^4 - 6) - (4 + 7y^3 + 2y^4)$

    $7y^4 - 7y^3 - 10$

Multiply to find each product.

9) $\left(3g^2 + 2\right)\left(8g^2 + 4\right)$

    $24g^4 + 28g^2 + 8$

10) $\left(7z^2 + 8z\right)\left(3z^2 + 6z\right)$

    $21z^4 + 66z^3 + 48z^2$

11) $\left(p^2 + 2p + 7\right)\left(p^2 + 4p + 6\right)$

    $p^4 + 6p^3 + 21p^2 + 40p + 42$

12) $\left(b^2 + 9\right)\left(b^2 + 5b + 8\right)$

    $b^4 + 5b^3 + 17b^2 + 45b + 72$

Key: 17

Name each polynomial by its degree and number of terms.

1) $-4q^5d^6 - 6p^6$

   Eleventh degree Binomial

2) $dn + 2k$

   Quadratic Binomial

3) $-6r^6s + 7h$

   Seventh degree Binomial

4) $3qn - 4d$

   Quadratic Binomial

Simplify each expression.

5) $(7z^4 + 3) - (6z^4 + 4 - 8z^2)$

   $z^4 + 8z^2 - 1$

6) $(6n^2 + 7n^3) - (5n^3 + 8n^4 - 4n^2)$

   $-8n^4 + 2n^3 + 10n^2$

7) $(5s^2 - 9) + (2s^2 - 4 + s^3)$

   $s^3 + 7s^2 - 13$

8) $(9 + 2x^4) + (6x^4 + 7)$

   $8x^4 + 16$

Multiply to find each product.

9) $(4r^2 + 6r + 5)(8r^2 + 3r + 9)$

   $32r^4 + 60r^3 + 94r^2 + 69r + 45$

10) $(5h^2 + 3)(7h^2 + 2h + 8)$

    $35h^4 + 10h^3 + 61h^2 + 6h + 24$

11) $(k^2 + 6k)(k^2 + 7k)$

    $k^4 + 13k^3 + 42k^2$

12) $(q^2 + 9q + 2)(q^2 + 5q + 6)$

    $q^4 + 14q^3 + 53q^2 + 64q + 12$

Name each polynomial by its degree and number of terms.

1) $-4xk$

   Quadratic Monomial

2) $2ck^5r$

   Seventh degree Monomial

3) $2s^5c^4$

   Ninth degree Monomial

4) $-5x^4n$

   Quintic Monomial

Simplify each expression.

5) $(8d^4 - 4) - (5 - 9d^3 + 7d^4)$

   $d^4 + 9d^3 - 9$

6) $(7c^5 + 2c^6) - (6c^6 + 3)$

   $-4c^6 + 7c^5 - 3$

7) $(3n + 4n^7) + (9n^7 + 8n)$

   $13n^7 + 11n$

8) $(9p^4 + 5) + (6p^4 - 2 + p^7)$

   $p^7 + 15p^4 + 3$

Multiply to find each product.

9) $\left(5y^2 + 7y\right)\left(2y^2 + 8y + 3\right)$

   $10y^4 + 54y^3 + 71y^2 + 21y$

10) $\left(z^2 + 8z\right)\left(z^2 + 2z\right)$

   $z^4 + 10z^3 + 16z^2$

11) $\left(3n^2 + 6\right)\left(9n^2 + 8n + 7\right)$

   $27n^4 + 24n^3 + 75n^2 + 48n + 42$

12) $\left(2b^2 + 5\right)\left(6b^2 + 9\right)$

   $12b^4 + 48b^2 + 45$

:

Name each polynomial by its degree and number of terms.

1) $-5y^7h^4k$

Twelfth degree Monomial

2) $8r^5k^2z^2 + 6q^2$

Ninth degree Binomial

3) $-3s^3b^4$

Seventh degree Monomial

4) cg^4

Quintic Monomial

Simplify each expression.

5) $(7h^2 + 9h^3) - (8h^3 + 4)$

$h^3 + 7h^2 - 4$

6) $(9x^2 - 7x^4) + (2x^4 - 6x^2)$

$-5x^4 + 3x^2$

7) $(9 - 7z^4) - (6z^4 - 2)$

$-13z^4 + 11$

8) $(6h^3 + 2h) - (7h - 4h^3)$

$10h^3 - 5h$

Multiply to find each product.

9) $\left(8n^2 + 6n + 3\right)\left(2n^2 + 4n + 5\right)$

$16n^4 + 44n^3 + 70n^2 + 42n + 15$

10) $\left(c^2 + 2c + 5\right)\left(c^2 + 3c + 6\right)$

$c^4 + 5c^3 + 17c^2 + 27c + 30$

11) $\left(3h^2 + 2\right)\left(4h^2 + 6\right)$

$12h^4 + 26h^2 + 12$

12) $\left(p^2 + 7\right)\left(p^2 + 5\right)$

$p^4 + 12p^2 + 35$

Key: 20

Name each polynomial by its degree and number of terms.

1) $3zx$

   Quadratic Monomial

2) $-rx - 4h + 2z$

   Quadratic Trinomial

3) $-6gh^4 + 3k^2$

   Quintic Binomial

4) $-q^{10} - 5q^5 - 8q$

   Tenth degree Trinomial

Simplify each expression.

5) $(4y^2 - 5y^4) + (7y^4 - 2)$

   $2y^4 + 4y^2 - 2$

6) $(6x - 8x^4) + (2x + 5x^4 + 9)$

   $-3x^4 + 8x + 9$

7) $(5s - 2s^4) - (9s - 7s^2 - 6s^4)$

   $4s^4 + 7s^2 - 4s$

8) $(6x^4 + 3) - (7 + 9x^3 + 4x^4)$

   $2x^4 - 9x^3 - 4$

Multiply to find each product.

9) $\left(6n^2 + 2\right)\left(8n^2 + 5n + 7\right)$

   $48n^4 + 30n^3 + 58n^2 + 10n + 14$

10) $\left(7s^2 + 9s\right)\left(5s^2 + 8s\right)$

   $35s^4 + 101s^3 + 72s^2$

11) $\left(c^2 + 5\right)\left(c^2 + 7\right)$

   $c^4 + 12c^2 + 35$

12) $\left(g^2 + 3\right)\left(g^2 + 6g + 8\right)$

   $g^4 + 6g^3 + 11g^2 + 18g + 24$

Name each polynomial by its degree and number of terms.

1) $-5n^3x + 9b + 4p - 7z - 2h + 6y$

   Quartic Polynomial - 6 Terms

2) $4g^6z^4k$

   Eleventh degree Monomial

3) $-2kp^4z$

   Sixth degree Monomial

4) $-xd^7h^5 + 7s^6 + 6y^2q^4 - 8q^5n^2$

   Thirteenth degree Polynomial - 4 Terms

Simplify each expression.

5) $(x^7 + 6x^2 + 8) + (2x^7 - 5 - 9x^2) + (3x^2 - 4x + 7)$

   $3x^{72} - 4x + 10$

6) $(3c^2 - 2) + (5c^2 + 4 - c^4)$

   $-c^4 + 8c^2 + 2$

7) $(8n + 5 - 2n^3) + (4n^3 + 3 + 7n^5)$

   $7n^5 + 2n^3 + 8n + 8$

8) $(5x + 4x^4) - (2x^2 - 7x^4) - (6x - 9x^2 + 8)$

   $11x^4 + 7x^2 - x - 8$

Multiply to find each product.

9) $\left(2x^2 + 8x + 9\right)\left(4x^2 + 3x + 5\right)$

   $8x^4 + 38x^3 + 70x^2 + 67x + 45$

10) $\left(2n^2 + 7\right)\left(5n^2 + 4n + 9\right)$

    $10n^4 + 8n^3 + 53n^2 + 28n + 63$

11) $\left(n^2 + 6n\right)\left(n^2 + 4n + 7\right)$

    $n^4 + 10n^3 + 31n^2 + 42n$

12) $\left(5k^2 + 2k\right)\left(8k^2 + 3k + 7\right)$

    $40k^4 + 31k^3 + 41k^2 + 14k$

:

Key: 22

Identify which graph represents the given polynomial function.

1) $y = -x^4 - x^2 + 1$

    D

A)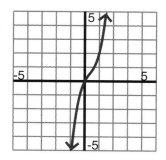

B)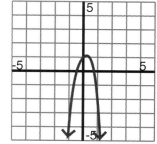

C)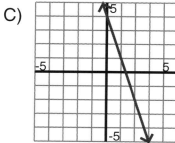

D)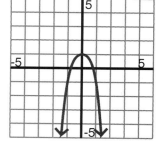

2) $y = -2x^4 - x^3 + x^2$

    A

A)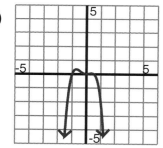

B)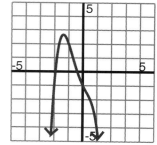

C)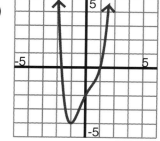

D)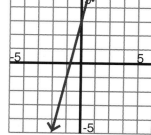

Key: 23

Identify which graph represents the given polynomial function.

1) $y = x^3 + 1$

<u>D</u>

A)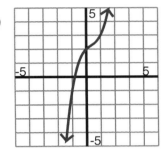

B)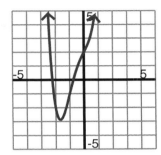

C)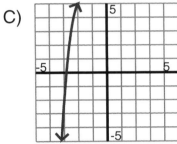

D)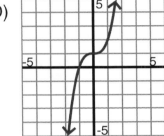

2) $y = -2x^3 - 2x^2 + 2$

<u>A</u>

A)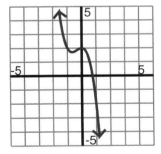

B)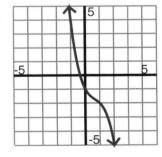

C)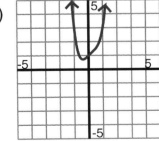

D)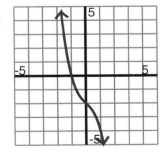

Answer Key

Find all zeros.

1) $(x^2 + 5)(x - 3)$

$\{-\sqrt{5}\ i, \sqrt{5}\ i, 3\}$

2) $(3x^2 + 4)(x + 4)^2(x - 3)$

$\{\frac{-4}{3}i, \frac{4}{3}i, -4\ \text{mult.}, 3\}$

3) $(81x^2 - 3)(x + 4)^2$

$\{\frac{-\sqrt{3}}{9}, \frac{\sqrt{3}}{9}, -4\ \text{mult.}\}$

4) $(4x + 3)(x + 2)(x + 5)$

$\{\frac{-3}{4}, -2, -5\}$

Given the zeros, find the least degree polynomial with integer coefficients.

5) $\{-\sqrt{2}\ i, \sqrt{2}\ i, 4, 2\}$

$(x^4 - 6x^3 + 10x^2 - 12x + 16)$

6) $\{\frac{2}{5}\ \text{mult.}, 5\ \text{mult.}\}$

$(25x^4 - 270x^3 + 829x^2 - 540x + 100)$

7) $\{\frac{-4}{3}i, \frac{4}{3}i, -2\}$

$(9x^3 + 18x^2 + 16x + 32)$

8) $\{-4, -5\}$

$(x^2 + 9x + 20)$

Find all zeros by factoring.

9) $(9x^3 + 45x^2 + 5x + 25)$

$\{\frac{-\sqrt{5}i}{3}, \frac{\sqrt{5}i}{3}, -5\}$

10) $(x^4 + 8x^3 + 11x^2 - 40x - 80)$

$\{-\sqrt{5}, \sqrt{5}, -4\ \text{mult.}\}$

11) $(x^4 + 6x^3 + 12x^2 + 24x + 32)$

$\{-4, -2, -2i, 2i\}$

12) $(x^3 + 3x^2 - 25x - 75)$

$\{-3, 5, -5\}$

Factor each polynomial.

1) $(x^3 + 2x^2 - 9x - 18)$

$(x - 3)(x + 2)(x + 3)$

2) $(4x^3 + 33x^2 + 83x + 60)$

$(4x + 5)(x + 3)(x + 4)$

3) $(x^2 - 9x + 20)$

$(x - 5)(x - 4)$

4) $(15x^2 + 16x - 15)$

$(5x - 3)(3x + 5)$

5) $(4x^3 - 20x^2 + 9x - 45)$

$(4x^2 + 9)(x - 5)$

6) $(x^3 + 5x^2 - 16x - 80)$

$(x + 4)(x + 5)(x - 4)$

7) $(4x^3 - 8x^2 + x - 2)$

$(4x^2 + 1)(x - 2)$

8) $(x^3 + 5x^2 + 5x + 25)$

$(x^2 + 5)(x + 5)$

9) $(3x^3 + 25x^2 + 42x - 40)$

$(3x - 2)(x + 5)(x + 4)$

10) $(x^3 - 2x^2 + 2x - 4)$

$(x^2 + 2)(x - 2)$

11) $(x^2 + 8x + 15)$

$(x + 3)(x + 5)$

12) $(x^3 + 2x^2 + 16x + 32)$

$(x + 2)(x^2 + 16)$

Factor each polynomial.

1) $(9x^4 + 148x^2 + 64)$

$(9x^2 + 4)(x^2 + 16)$

2) $(x^4 - 2x^3 - 39x^2 + 40x + 400)$

$(x - 5)^2(x + 4)^2$

3) $(16x^4 + 168x^3 + 601x^2 + 840x + 400)$

$(4x + 5)^2(x + 4)^2$

4) $(x^4 + 11x^2 + 18)$

$(x^2 + 2)(x^2 + 9)$

5) $(x^4 + x^3 - 30x^2 - 32x + 160)$

$(x + 4)^2(x - 5)(x - 2)$

6) $(x^4 + x^3 - x^2 + 5x - 30)$

$(x^2 + 5)(x + 3)(x - 2)$

7) $(x^4 + 41x^2 + 400)$

$(x^2 + 25)(x^2 + 16)$

8) $(x^6 + 32x^4 + 187x^2 + 300)$

$(x^2 + 3)(x^2 + 4)(x^2 + 25)$

9) $(4x^5 + 56x^4 + 269x^3 + 526x^2 + 585x + 900)$

$(4x^2 + 9)(x + 5)^2(x + 4)$

10) $(x^6 - 7x^5 + 9x^4 + 7x^3 - 30x^2 + 140x - 200)$

$(x^2 - 5)(x^2 + 4)(x - 5)(x - 2)$

11) $(4x^6 + 165x^4 + 1641x^2 + 400)$

$(4x^2 + 1)(x^2 + 25)(x^2 + 16)$

12) $(x^4 + x^3 + 5x^2 + 25x - 500)$

$(x - 4)(x + 5)(x^2 + 25)$

Factor each polynomial.

1) $(x^2 - x - 6)$

$(x + 2)(x - 3)$

2) $(x^4 + 8x^3 + 40x^2 + 200x + 375)$

$(x + 5)(x + 3)(x^2 + 25)$

3) $(9x^4 + 241x^2 + 400)$

$(9x^2 + 16)(x^2 + 25)$

4) $(x^3 - 3x^2 - 25x + 75)$

$(x - 3)(x - 5)(x + 5)$

5) $(3x^3 - 4x^2 - 45x - 50)$

$(3x + 5)(x + 2)(x - 5)$

6) $(4x^6 + 105x^4 + 126x^2 + 25)$

$(4x^2 + 1)(x^2 + 25)(x^2 + 1)$

7) $(x^4 + 3x^3 - 20x^2 - 84x - 80)$

$(x + 2)^2(x - 5)(x + 4)$

8) $(9x^3 + 27x^2 + 16x + 48)$

$(9x^2 + 16)(x + 3)$

9) $(x^3 - 2x^2 + x - 2)$

$(x - 2)(x^2 + 1)$

10) $(25x^4 - 280x^3 + 934x^2 - 840x + 225)$

$(5x - 3)^2(x - 5)^2$

11) $(x^4 + 26x^2 + 25)$

$(x^2 + 1)(x^2 + 25)$

12) $(x^6 + 35x^4 + 259x^2 + 225)$

$(x^2 + 25)(x^2 + 9)(x^2 + 1)$

Factor each completely. If non-factorable, write "Non-factorable".

1) $(w^2 - 81)$

$(w - 9)(w + 9)$

6) $3r^2 + 3r - 126$

$3(r - 6)(r + 7)$

2) $(4d^2 - 49)$

$(2d - 7)(2d + 7)$

7) $(d^2 + 9d)$

$d(d + 9)$

3) $(4r^2 + 4r)$

$4r(r + 1)$

8) $10w^2 - 10$

$10(w + 1)(w - 1)$

4) $32w^2 + 24w - 56$

$8(w - 1)(4w + 7)$

9) $h^2 - 12h + 32$

$(h - 8)(h - 4)$

5) $(q^2 - 9)$

$(q - 3)(q + 3)$

10) $(r^2 - 8r)$

$r(r - 8)$

Factor each completely. If non-factorable, write "Non-factorable".

1) $27b^2 - 126b + 13$

Non-Factorable

2) $20w^2 - 90w + 100$

$10(w - 2)(2w - 5)$

3) $27q^2 - 18q - 24$

$3(3q - 4)(3q + 2)$

4) $8x^2 - 8$

$8(x + 1)(x - 1)$

5) $24q^2 + 84q + 11$

Non-Factorable

6) $9q^2 + 3q - 20$

$(3q + 5)(3q - 4)$

7) $6x^2 + 21x + 41$

Non-Factorable

8) $9h^2 - 18h - 16$

$(3h - 8)(3h + 2)$

9) $24k^2 + 116k + 140$

$4(2k + 5)(3k + 7)$

10) $16s^2 - 56s - 32$

$8(2s + 1)(s - 4)$

Factor each completely. If non-factorable, write "Non-factorable".

1) $(s^2 - 9s)$

   $s(s - 9)$

6) $q^2 + 15q + 54$

   $(q + 6)(q + 9)$

2) $(p^2 - 29)$

   Non-Factorable

7) $(g^2 - 2g)$

   $g(g - 2)$

3) $(y^2 - 4y)$

   $y(y - 4)$

8) $(x^2 - 49)$

   $(x - 7)(x + 7)$

4) $(s^2 - 9)$

   $(s - 3)(s + 3)$

9) $(y^2 - 25)$

   $(y - 5)(y + 5)$

5) $(w^2 - 4w)$

   $w(w - 4)$

10) $(k^2 - 8k)$

   $k(k - 8)$

Factor each completely. If non-factorable, write "Non-factorable".

1) $z^3 - 8z^2 + 2z - 16$

$(z^2 + 2)(z - 8)$

6) $36n^3 - 108n^2 - 90n + 270$

$18(2n^2 - 5)(n - 3)$

2) $b^3 - 4b^2 + 17b + 24$

Non-Factorable

7) $48k^3 + 36k^2 + 19k + 42$

Non-Factorable

3) $5z^3 - 35z^2 - 15z + 105$

$5(z^2 - 3)(z - 7)$

8) $6s^3 - 36s^2 + 12s - 72$

$6(s^2 + 2)(s - 6)$

4) $8n^3 + 12n^2 + 8n + 12$

$4(n^2 + 1)(2n + 3)$

9) $2h^3 - 12h^2 + 10h - 60$

$2(h^2 + 5)(h - 6)$

5) $c^3 + 9c^2 + 29c + 45$

Non-Factorable

10) $8c^3 + 18c^2 - 12c - 27$

$(2c^2 - 3)(4c + 9)$

Factor each completely. If non-factorable, write "Non-factorable".

1) $5d^3 + 25d^2 - 35d - 175$

   $5(d^2 - 7)(d + 5)$

2) $y^3 - 4y^2 + 6y - 24$

   $(y^2 + 6)(y - 4)$

3) $2s^3 - 4s^2 - 14s + 28$

   $2(s^2 - 7)(s - 2)$

4) $y^3 - 9y^2 + 3y - 27$

   $(y^2 + 3)(y - 9)$

5) $s^3 + 9s^2 + 7s + 63$

   $(s^2 + 7)(s + 9)$

6) $q^3 - 8q^2 + 5q - 40$

   $(q^2 + 5)(q - 8)$

7) $6h^3 - 36h^2 - 18h + 108$

   $6(h^2 - 3)(h - 6)$

8) $n^3 + 8n^2 + 7n + 56$

   $(n^2 + 7)(n + 8)$

9) $m^3 - 3m^2 - 3m + 9$

   $(m^2 - 3)(m - 3)$

10) $3p^3 + 12p^2 + 6p + 24$

   $3(p^2 + 2)(p + 4)$

:

Factor each completely. If non-factorable, write "Non-factorable".

1) $12m^3 + 42m^2 + 16m + 56$

   $2(3m^2 + 4)(2m + 7)$

2) $6p^3 - 12p^2 + 15p - 30$

   $3(2p^2 + 5)(p - 2)$

3) $48g^3 + 36g^2 + 144g + 108$

   $12(g^2 + 3)(4g + 3)$

4) $24q^3 + 36q^2 - 64q - 96$

   $4(3q^2 - 8)(2q + 3)$

5) $40w^3 + 60w^2 + 140w + 210$

   $10(2w^2 + 7)(2w + 3)$

6) $36m^3 + 54m^2 + 60m + 90$

   $6(3m^2 + 5)(2m + 3)$

7) $12n^3 + 30n^2 - 32n - 80$

   $2(3n^2 - 8)(2n + 5)$

8) $15r^3 - 20r^2 + 9r - 12$

   $(5r^2 + 3)(3r - 4)$

9) $18h^3 - 48h^2 - 18h + 48$

   $6(h^2 - 1)(3h - 8)$

10) $60g^3 - 120g^2 + 70g - 140$

   $10(6g^2 + 7)(g - 2)$

Answer Key

Factor each completely. If non-factorable, write "Non-factorable".

1) $60m^3 + 210m^2 + 60m + 210$

$30(m^2 + 1)(2m + 7)$

6) $3b^3 + 15b^2 + 21b + 105$

$3(b^2 + 7)(b + 5)$

2) $15q^3 + 25q^2 - 6q - 10$

$(5q^2 - 2)(3q + 5)$

7) $6m^3 + 54m^2 + 36m + 324$

$6(m^2 + 6)(m + 9)$

3) $9r^3 + 12r^2 + 21r + 28$

$(3r^2 + 7)(3r + 4)$

8) $72g^3 - 324g^2 + 60g - 270$

$6(6g^2 + 5)(2g - 9)$

4) $12d^3 + 30d^2 + 6d + 15$

$3(2d^2 + 1)(2d + 5)$

9) $g^3 - 4g^2 - 2g + 8$

$(g^2 - 2)(g - 4)$

5) $6z^3 - 36z^2 - 48z + 288$

$6(z^2 - 8)(z - 6)$

10) $6z^3 - 36z^2 + 18z - 108$

$6(z^2 + 3)(z - 6)$

Factor each completely. If non-factorable, write "Non-factorable".

1) $c^3 - 2c^2 + 29c + 6$

Non-Factorable

6) $72y^3 + 180y^2 + 11y - 90$

Non-Factorable

2) $6r^3 + 21r^2 + 31r - 35$

Non-Factorable

7) $2q^3 - 14q^2 + 14q - 98$

$2(q^2 + 7)(q - 7)$

3) $36h^3 + 63h^2 + 96h + 168$

$3(3h^2 + 8)(4h + 7)$

8) $36d^3 - 162d^2 - 36d + 162$

$18(d^2 - 1)(2d - 9)$

4) $15z^3 - 30z^2 + 18z - 36$

$3(5z^2 + 6)(z - 2)$

9) $g^3 + 7g^2 + 3g + 21$

$(g^2 + 3)(g + 7)$

5) $3b^3 - 24b^2 - 15b + 120$

$3(b^2 - 5)(b - 8)$

10) $2y^3 + 8y^2 - 14y - 56$

$2(y^2 - 7)(y + 4)$

Answer Key

Factor each completely. If non-factorable, write "Non-factorable".

1) $45p^3 + 30p^2 - 75p - 50$

$5(3p^2 - 5)(3p + 2)$

2) $60d^3 - 270d^2 - 72d + 324$

$6(5d^2 - 6)(2d - 9)$

3) $12g^3 + 24g^2 + 13g + 32$

Non-Factorable

4) $36b^3 - 24b^2 + 48b - 32$

$4(3b^2 + 4)(3b - 2)$

5) $36c^3 - 162c^2 + 96c - 432$

$6(3c^2 + 8)(2c - 9)$

6) $6d^3 - 12d^2 + 14d - 28$

$2(3d^2 + 7)(d - 2)$

7) $36s^3 - 126s^2 - 96s + 336$

$6(3s^2 - 8)(2s - 7)$

8) $6p^3 + 10p^2 - 9p - 15$

$(2p^2 - 3)(3p + 5)$

9) $4w^3 + 16w^2 + 41w + 40$

Non-Factorable

10) $54k^3 + 126k^2 + 18k + 42$

$6(3k^2 + 1)(3k + 7)$

:

Factor each completely. If non-factorable, write "Non-factorable".

1) $q^3 + 5q^2 + 8q + 40$

   $(q^2 + 8)(q + 5)$

2) $3w^3 - 6w^2 + 21w - 42$

   $3(w^2 + 7)(w - 2)$

3) $3q^3 - 24q^2 + 15q - 120$

   $3(q^2 + 5)(q - 8)$

4) $3c^3 - 24c^2 - 24c + 192$

   $3(c^2 - 8)(c - 8)$

5) $m^3 - 5m^2 - 6m + 30$

   $(m^2 - 6)(m - 5)$

6) $h^3 + 2h^2 - 7h - 14$

   $(h^2 - 7)(h + 2)$

7) $p^3 + 2p^2 - 5p - 10$

   $(p^2 - 5)(p + 2)$

8) $2w^3 + 18w^2 - 10w - 90$

   $2(w^2 - 5)(w + 9)$

9) $2w^3 - 8w^2 - 6w + 24$

   $2(w^2 - 3)(w - 4)$

10) $h^3 - 2h^2 - 3h + 6$

    $(h^2 - 3)(h - 2)$

Factor Completely.

1) $s^3n + 512n$

   $n(s + 8)(s^2 - 8s + 64)$

2) $z^3 - 512p^3$

   $(z - 8p)(z^2 + 8zp + 64p^2)$

3) $q^3 + 64$

   $(q + 4)(q^2 - 4q + 16)$

4) $d^4 + 216d$

   $d(d + 6)(d^2 - 6d + 36)$

5) $s^3 + 27$

   $(s + 3)(s^2 - 3s + 9)$

6) $h^3 + 125b^3$

   $(h + 5b)(h^2 - 5hb + 25b^2)$

7) $k^3 + 216h^3$

   $(k + 6h)(k^2 - 6kh + 36h^2)$

8) $n^3z - 64z$

   $z(n - 4)(n^2 + 4n + 16)$

9) $x^3n + 343n$

   $n(x + 7)(x^2 - 7x + 49)$

10) $n^4 + 729n$

   $n(n + 9)(n^2 - 9n + 81)$

11) $z^3 + 125$

   $(z + 5)(z^2 - 5z + 25)$

12) $c^4 - 27c$

   $c(c - 3)(c^2 + 3c + 9)$

:

Answer Key

Name each polynomial by its degree and number of terms.

1) $- gz^7 - 9r^6 + 6d^3c^4 - 2x^5p^4 - 7g^3d^2$

   Ninth degree Polynomial - 5 Terms

2) $- 4d^4p^4n^7 - 5g^3 + 7q^6y^5 + 6y^3h^2$

   Fifteenth degree Polynomial - 4 Terms

3) $8g^{12} + 6g^{11} + g^8 - 7g^6 + 7g^2 + 4$

   Twelfth degree - 6 Terms

4) $- cy + 6k + 3d - 2z - 9g$

   Quadratic Polynomial - 5 Terms

Simplify each expression.

5) $(9g^2 - 7g - 5) + (6g - 2) + (8g^4 + 3g^2 - 4)$

   $8g^4 + 12g^2 - g - 11$

6) $(7b^4 - 6b^7) + (3b^7 + 9b^4)$

   $- 3b^7 + 16b^4$

7) $(8z - 3z^4) - (7z + 4z^3) + (6z^3 + 9z^4 - 5z)$

   $6z^4 + 2z^3 - 4z$

8) $(8 - 5b^3) - (9b^7 + 6 - 4b^3) + (3 - 2b)$

   $- 9b^7 - b^3 - 2b + 5$

Multiply to find each product.

9) $\left(3c^2 + 8\right)\left(4c^2 + 2c + 5\right)$

   $12c^4 + 6c^3 + 47c^2 + 16c + 40$

10) $\left(3p^2 + 8\right)\left(9p^2 + 4p + 2\right)$

   $27p^4 + 12p^3 + 78p^2 + 32p + 16$

11) $\left(5s^2 + 3s\right)\left(8s^2 + 2s + 9\right)$

   $40s^4 + 34s^3 + 51s^2 + 27s$

12) $\left(9y^2 + 4y\right)\left(2y^2 + 8y + 6\right)$

   $18y^4 + 80y^3 + 86y^2 + 24y$

Name each polynomial by its degree and number of terms.

1) $cq^4y^6 - 8p^2 + 3d^3g^7 + 5g^6x^3 + 9n^2 - 6n$

   Eleventh degree Polynomial - 6 Terms

2) $-7pr^6s^3 + 4y^7 - 5x^5b^4 - 2b^5h^2 + 6k^7 + 9k$

   Tenth degree Polynomial - 6 Terms

3) $-ph + 9g + 8c - 6b - 3z + 7n$

   Quadratic Polynomial - 6 Terms

4) $6s^{11} + 8s^{10} + 7s^8 + 2s^7 - s^5 - 9s^3$

   Eleventh degree - 6 Terms

Simplify each expression.

5) $(4k^3 + 8k^2 - 5) + (9k^2 - 6) - (3k^3 + 7k)$

   $k^3 + 17k^2 - 7k - 11$

6) $(6y^7 - 3) - (5y^7 + 7 + 4y^4) + (2y^4 - 9y)$

   $y^7 - 2y^4 - 9y - 10$

7) $(2y^7 - 9) + (8y^7 + 5 + 4y^3) + (3y^3 - 7y - 6)$

   $10y^7 + 7y^3 - 7y - 10$

8) $(6p^2 - 5p^3) - (7p^4 + 2p^3 - 4) + (8p^4 - 9p + 3)$

   $p^4 - 7p^3 + 6p^2 - 9p + 7$

Multiply to find each product.

9) $(p^2 + 4p)\ (p^2 + 5p + 6)$

   $p^4 + 9p^3 + 26p^2 + 24p$

10) $(x^2 + 5x)\ (x^2 + 8x + 7)$

    $x^4 + 13x^3 + 47x^2 + 35x$

11) $(s^2 + 7)\ (s^2 + 8s + 4)$

    $s^4 + 8s^3 + 11s^2 + 56s + 28$

12) $(q^2 + 4)\ (q^2 + 2q + 8)$

    $q^4 + 2q^3 + 12q^2 + 8q + 32$

Name each polynomial by its degree and number of terms.

1) $- 2dp - 8h + 7g + 9z$

   Quadratic Polynomial - 4 Terms

2) $- 2z^5p^7 - 5b^6 + 9n^2r^4 - 4h^2c^5$

   Twelfth degree Polynomial - 4 Terms

3) $ck^2 - 6d^6 + 4s^3h^5 + 7z^4g^5$

   Ninth degree Polynomial - 4 Terms

4) $- nz^5h^2 + 5c^7 + 3b^3s^6 + 6s^2g^3 - 2x^7$

   Ninth degree Polynomial - 5 Terms

Simplify each expression.

5) $(6z - 8z^4) + (4z - 7z^3) + (5z^3 + 9z^4 - 3z)$

   $z^4 - 2z^3 + 7z$

6) $(4x^3 - 8) + (6x^3 + 3 - x^7) - (2x^7 - 7)$

   $- 3x^7 + 10x^3 + 2$

7) $(7k^6 + 9) + (5k^6 - 4 - 6k^5) + (8k^5 + 2k + 3)$

   $12k^6 + 2k^5 + 2k + 8$

8) $(3p^6 + 4p + 5) - (7p^6 + 8 + p^7) - (9p^7 - 6)$

   $- 10p^7 - 4p^6 + 4p + 3$

Multiply to find each product.

9) $\left(5n^2 + 4n\right) \left(3n^2 + 8n\right)$

   $15n^4 + 52n^3 + 32n^2$

10) $\left(z^2 + 8z\right) \left(z^2 + 2z\right)$

   $z^4 + 10z^3 + 16z^2$

11) $\left(d^2 + 4\right) \left(d^2 + 3\right)$

   $d^4 + 7d^2 + 12$

12) $\left(7x^2 + 8\right) \left(4x^2 + 6\right)$

   $28x^4 + 74x^2 + 48$

Name each polynomial by its degree and number of terms.

1) $-6d^6c^6b^7 + 9q^3 + 3y^5r^4 - 4r^3k^2$

   Nineteenth degree Polynomial - 4 Terms

2) $-8qc^3 + 2k^7 - 6s^4p^5 - 9b^3r^5$

   Ninth degree Polynomial - 4 Terms

3) $-5g^{12} + 6g^8 - g^7 - 3g^5 + 8g^4 - 6g^3$

   Twelfth degree - 6 Terms

4) $bx^4 + 5d^3 + 8h^5s^7 - 9z^2r^7$

   Twelfth degree Polynomial - 4 Terms

Simplify each expression.

5) $(2 - 9q^4) + (6q^5 - 5 - 7q^4) + (3 - 8q - 4q^5)$

   $2q^5 - 16q^4 - 8q$

6) $(9p^2 + 2p^4 + 4) - (3p^2 - 6p^3) - (5p^3 - 7p^4 + 8)$

   $9p^4 + p^3 + 6p^2 - 4$

7) $(2q^4 + 3q^2 + 4q) - (5q^2 + 8q) + (7 - 6q^3 + 9q^4)$

   $11q^4 - 6q^3 - 2q^2 - 4q + 7$

8) $(3r^2 + 5r^3) - (4r^4 + 2r^3 - 6) + (7r^4 - 9r + 8)$

   $3r^4 + 3r^3 + 3r^2 - 9r + 14$

Multiply to find each product.

9) $\left(4p^2 + 8p + 9\right)\left(2p^2 + 3p + 7\right)$

   $8p^4 + 28p^3 + 70p^2 + 83p + 63$

10) $\left(9x^2 + 7x + 5\right)\left(4x^2 + 8x + 6\right)$

   $36x^4 + 100x^3 + 130x^2 + 82x + 30$

11) $\left(2z^2 + 5z + 9\right)\left(7z^2 + 6z + 4\right)$

   $14z^4 + 47z^3 + 101z^2 + 74z + 36$

12) $\left(6p^2 + 5p + 9\right)\left(3p^2 + 2p + 7\right)$

   $18p^4 + 27p^3 + 79p^2 + 53p + 63$

:

Name each polynomial by its degree and number of terms.

1) $-5x^{12} + 5x^{11} + 3x^8 + 9x^3 - 9x$

   Twelfth degree - 5 Terms

2) $6p^4h^7 - 8s^6 + 5n^3x^5$

   Eleventh degree Trinomial

3) $-xr - 7g - 2b$

   Quadratic Trinomial

4) $-7y^6s^6g^2 + 3x^7 - 5n^4b^5$

   Fourteenth degree Trinomial

Simplify each expression.

5) $(2n^4 - 7) + (9n^4 + 8 - 5n^2)$

   $11n^4 - 5n^2 + 1$

6) $(8k^4 + 3) - (5k^4 + 2 + 4k^3) + (6k^3 - 9k)$

   $3k^4 + 2k^3 - 9k + 1$

7) $(2 + 9h^3 - 4h^4) - (5h^4 - 6) + (8h^3 + 3h^2)$

   $-9h^4 + 17h^3 + 3h^2 + 8$

8) $(2n^2 - 5) + (9n^2 - 7 + n^5)$

   $n^5 + 11n^2 - 12$

Multiply to find each product.

9) $\left(z^2 + 9z + 4\right) \left(z^2 + 7z + 5\right)$

   $z^4 + 16z^3 + 72z^2 + 73z + 20$

10) $\left(d^2 + 7d + 4\right) \left(d^2 + 8d + 3\right)$

   $d^4 + 15d^3 + 63d^2 + 53d + 12$

11) $\left(p^2 + 9p + 6\right) \left(p^2 + 7p + 8\right)$

   $p^4 + 16p^3 + 77p^2 + 114p + 48$

12) $\left(k^2 + 9k + 3\right) \left(k^2 + 6k + 5\right)$

   $k^4 + 15k^3 + 62k^2 + 63k + 15$

Name each polynomial by its degree and number of terms.

1) $-8b^7c^5 + 7g^3 + 3y^6d^4$

Twelfth degree Trinomial

2) $4kx^4b$

Sixth degree Monomial

3) $-3bq^7s^5 - 6g^3 + 7k^2d^4$

Thirteenth degree Trinomial

4) $5hx - 4q + 6r$

Quadratic Trinomial

Simplify each expression.

5) $(3 - 4z^5) - (2z^5 + 7)$

$-6z^5 - 4$

6) $(2b + 5b^4) - (3b + 9b^3) + (4b^3 - 7b^4 + 8b)$

$-2b^4 - 5b^3 + 7b$

7) $(4p^3 + 8p^2 - 7) - (5p^2 + 6) + (3p^3 - 2p)$

$7p^3 + 3p^2 - 2p - 13$

8) $(2 - 3k^5) - (9k^6 - 8 + 6k^5) + (5 - 4k)$

$-9k^6 - 9k^5 - 4k + 15$

Multiply to find each product.

9) $\left(g^2 + 2g\right)\left(g^2 + 7g + 8\right)$

$g^4 + 9g^3 + 22g^2 + 16g$

10) $\left(r^2 + 4r\right)\left(r^2 + 3r + 2\right)$

$r^4 + 7r^3 + 14r^2 + 8r$

11) $\left(q^2 + 4\right)\left(q^2 + 8q + 6\right)$

$q^4 + 8q^3 + 10q^2 + 32q + 24$

12) $\left(k^2 + 9\right)\left(k^2 + 3k + 5\right)$

$k^4 + 3k^3 + 14k^2 + 27k + 45$

Name each polynomial by its degree and number of terms.

1) $-3x^6h + 9c - 5d - 4y$

    Seventh degree Polynomial - 4 Terms

2) $2z^6b^6n^5 + 3g^4 - 4x^3r^7 + 9r^4q^2$

    Seventeenth degree Polynomial - 4 Terms

3) $7qs^7h^4 - 9b^4$

    Twelfth degree Binomial

4) $kq^5c^2 + 5p^2$

    Eighth degree Binomial

Simplify each expression.

5) $(6z + 8z^4) - (2z - 7z^3) + (5z^3 + 9z^4 - 3z)$

    $17z^4 + 12z^3 + z$

6) $(6d^2 - 3) + (8d^2 - 7 + d^3) + (4d^3 + 9)$

    $5d^3 + 14d^2 - 1$

7) $(5k - 9k^4) + (6k^2 - 2k^4) + (3k - 7k^2 + 8)$

    $-11k^4 - k^2 + 8k + 8$

8) $(5c + 4c^4) - (2c^4 + 8c)$

    $2c^4 - 3c$

Multiply to find each product.

9) $\left(7p^2 + 6p\right)\left(8p^2 + 3p + 9\right)$

    $56p^4 + 69p^3 + 81p^2 + 54p$

10) $\left(9p^2 + 4\right)\left(7p^2 + 8p + 3\right)$

    $63p^4 + 72p^3 + 55p^2 + 32p + 12$

11) $\left(7s^2 + 2\right)\left(6s^2 + 9s + 4\right)$

    $42s^4 + 63s^3 + 40s^2 + 18s + 8$

12) $\left(7b^2 + 3b\right)\left(8b^2 + 9b + 5\right)$

    $56b^4 + 87b^3 + 62b^2 + 15b$

Name each polynomial by its degree and number of terms.

1) $-cr^4 + 2z^5$

   Quintic Binomial

2) $-2hq^5 - 3x^7$

   Seventh degree Binomial

3) $5kq^6c^3 + 7d^3$

   Tenth degree Binomial

4) $-8g^5h^7 - 5c^7$

   Twelfth degree Binomial

Simplify each expression.

5) $(4 + 7n^5) + (3n^5 + 8)$

   $10n^5 + 12$

6) $(2n^2 + 4n) + (6n - 7n^2)$

   $-5n^2 + 10n$

7) $(4g^2 + 5g^3 + 3g^4) - (9g^4 + 8) - (7g^3 - 2g^2)$

   $-6g^4 - 2g^3 + 6g^2 - 8$

8) $(9p - 7p^6) + (6p^6 - 5p)$

   $-p^6 + 4p$

Multiply to find each product.

9) $\left(5r^2 + 6r\right)\left(2r^2 + 4r\right)$

   $10r^4 + 32r^3 + 24r^2$

10) $\left(9g^2 + 6\right)\left(2g^2 + 8\right)$

   $18g^4 + 84g^2 + 48$

11) $\left(9d^2 + 3\right)\left(2d^2 + 4\right)$

   $18d^4 + 42d^2 + 12$

12) $\left(8c^2 + 5c\right)\left(6c^2 + 3c\right)$

   $48c^4 + 54c^3 + 15c^2$

Name each polynomial by its degree and number of terms.

1) $4qs^3$

   Quartic Monomial

2) $5g^7x$

   Eighth degree Monomial

3) $7qz^2h$

   Quartic Monomial

4) $5d^3$

   Cubic Monomial

Simplify each expression.

5) $(7d - 9d^6) + (2d^6 - 6d)$

   $-7d^6 + d$

6) $(2q^3 + 9q) + (5q - 4q^3)$

   $-2q^3 + 14q$

7) $(9r^2 + 5r^6) + (8r^6 - 4)$

   $13r^6 + 9r^2 - 4$

8) $(6 - 7c^6) + (2c^6 - 5)$

   $-5c^6 + 1$

Multiply to find each product.

9) $\left(d^2 + 2d\right)\left(d^2 + 7d\right)$

   $d^4 + 9d^3 + 14d^2$

10) $\left(d^2 + 6\right)\left(d^2 + 4\right)$

    $d^4 + 10d^2 + 24$

11) $\left(d^2 + 3d\right)\left(d^2 + 5d\right)$

    $d^4 + 8d^3 + 15d^2$

12) $\left(p^2 + 4\right)\left(p^2 + 9\right)$

    $p^4 + 13p^2 + 36$

Name each monomials by its degree and number of terms.

1) $-3z^5g$

Sixth degree Monomial

2) $-qn^5$

Sixth degree Monomial

3) $-xp^6n$

Eighth degree Monomial

4) $-5cq$

Quadratic Monomial

Simplify each expression.

5) $(8g^4 - 2g^2 - 7g) - (5g^2 + 6g) + (3 + 9g^3 + 4g^4)$

$12g^4 + 9g^3 - 7g^2 - 13g + 3$

6) $(6x^4 - 2x^5) + (4x^5 - 8)$

$2x^5 + 6x^4 - 8$

7) $(7b^6 + 9b) + (5b + 8b^6)$

$15b^6 + 14b$

8) $(7r^4 + 8) - (3 - 2r^3 - 6r^4)$

$13r^4 + 2r^3 + 5$

Multiply to find each product.

9) $\left(3s^2 + 6s\right)\left(5s^2 + 8s\right)$

$15s^4 + 54s^3 + 48s^2$

10) $\left(s^2 + 9\right)\left(s^2 + 7\right)$

$s^4 + 16s^2 + 63$

11) $\left(h^2 + 3\right)\left(h^2 + 4h + 5\right)$

$h^4 + 4h^3 + 8h^2 + 12h + 15$

12) $\left(6k^2 + 4k\right)\left(2k^2 + 9k + 8\right)$

$12k^4 + 62k^3 + 84k^2 + 32k$

GRADES TRACKER

Week	Monday	Tuesday	Wednesday	Thursday	Friday
1					
2					
3					
4					
5					
6					
7					
8					
9					
10					
11					
12					
13					
14					
15					
16					
17					
18					

Notes

Made in the USA
Columbia, SC
03 August 2020